Coopetition Strategy and

Enterprise Innovation Capability:

A Study on the Impact of

Governance Mechanisms

彭珍珍 / 著

竞合战略
与企业创新能力：
治理机制的影响研究

中国财经出版传媒集团

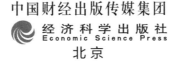

经济科学出版社
Economic Science Press
北京

图书在版编目（CIP）数据

竞合战略与企业创新能力：治理机制的影响研究/
彭珍珍著 . -- 北京：经济科学出版社，2024.11
ISBN 978 - 7 - 5218 - 5374 - 2

Ⅰ . ①竞…　Ⅱ . ①彭…　Ⅲ . ①企业竞争 - 研究②企业
- 经济合作 - 研究③企业创新 - 研究　Ⅳ . ①F27

中国国家版本馆 CIP 数据核字（2023）第 225800 号

责任编辑：杨　洋　卢玥丞
责任校对：蒋子明
责任印制：范　艳

竞合战略与企业创新能力：治理机制的影响研究

JINGHE ZHANLUE YU QIYE CHUANGXIN NENGLI：ZHILI JIZHI DE YINGXIANG YANJIU

彭珍珍　著

经济科学出版社出版、发行　新华书店经销
社址：北京市海淀区阜成路甲 28 号　邮编：100142
总编部电话：010 - 88191217　发行部电话：010 - 88191522
网址：www. esp. com. cn
电子邮箱：esp@ esp. com. cn
天猫网店：经济科学出版社旗舰店
网址：http://jjkxcbs. tmall. com
北京季蜂印刷有限公司印装
710 × 1000　16 开　11.75 印张　220000 字
2024 年 11 月第 1 版　2024 年 11 月第 1 次印刷
ISBN 978 - 7 - 5218 - 5374 - 2　定价：42.00 元
（图书出现印装问题，本社负责调换。电话：010 - 88191545）
（版权所有　侵权必究　打击盗版　举报热线：010 - 88191661
QQ：2242791300　营销中心电话：010 - 88191537
电子邮箱：dbts@ esp. com. cn）

本书的出版得到国家自然科学基金青年项目"数字生态系统视角下企业竞合战略的动态演进与获益机制研究"（72202169）、陕西省社会科学基金项目"数字生态系统视角下陕西制造企业双重竞合战略的构建策略与作用机制研究"（2022R035）、陕西省教育厅重点科学研究计划项目"数字生态系统视角下房地产企业的竞合战略及其获益机制研究"（22JZ041）、陕西省创新能力支撑计划软科学项目"数字生态系统视角下陕西制造企业的竞合战略及获益机制研究"（2024ZC‒YBXM‒141）的资助。

目 录
Contents

第 1 章

绪 论

本章是全书的研究导论，首先阐述了本书选题的现实背景和理论背景，提出了研究问题，其次对本书的研究对象、技术路线、研究方法、结构安排和主要的创新之处作出了详细说明。

1.1 研究背景

1.1.1 现实背景

1. 创新是驱动我国企业转型升级的重大战略

如今，从宏观经济形势来看，全球贸易摩擦不断升级，突如其来的新冠疫情对全球经济造成了史无前例的重挫，新一轮产业变革和科技革命加速演进，这一切都导致企业赖以生存的外部环境充满了前所未有的不确定性和复杂性。动荡的外部环境不仅使企业之间的竞争程度日趋激烈，而且加大了企业的生存压力，压缩了企业的发展空间。但冲击同时也意味着机遇，因此，企业必须依靠创新克服挑战，实现突破。人类社会的发展经验表明，创新是世界发展的大势所趋，是我国发展形势所迫。党的十八大提出，要全面实施创新驱动发展战略，强调在国家发展全局中创新的核心位置。习近平总书记多次对实施创新驱动发展战略作出系统阐述，强调要把创新驱动发展作为面向未来的一项重大战略①。2016 年，中共中央、国务院发布《国家创新驱动发展战略纲要》，明确了未来 30 年创新驱动发展的目标、方向和重点任务。这些政策的提出充分表明了创新对提高我国竞争力的重要性。

在国家相关政策的支持下，近年来我国创新水平显著提高，创新体系日渐成熟。2019 年全社会研发支出达 2.17 万亿元，占国内生产总值（GDP）比重为 2.19%，科技进步贡献率达 59.5%②。据世界知识产权组织（WIPO）评估显示，2019 年中国创新指数居世界第 14 位，从 2013 年的第 35 位到 2019 年的第 14 位③，中国已连续多年持续攀升，原始创新能力显著增强，在一些基础研究领域和关键的技术领域取得了重要突破，企业的创新能力快速提升。但同时也要看到，我国与发达国家的创新水平还存在差距，近年来我国的创新主要集中在模仿、吸收、引进和应用方面，缺乏突破的和根本的创新，特别是在新一代信息通信、新能源、新材料、航空航天、生物医药、智能制造等领域，我国仍存在核心技术受制于人的情况。许多重要的产业，如芯片等对外依存度高，近年来我国每年需进口的芯片总额达 2000 多亿美元，"缺芯少基"现象普遍，核心基础零部件和工艺、关键基础材料和技术等工业基础能力薄弱④。这些短板阻碍了我国传统产业升级和新兴产业培育，因此，如何在动态的环境中提升企业的创新能力进而实现转型升级成为我国企业面临的重大现实问题。

2. 竞合是提升企业创新能力的重要途径

技术的变革带来了经济的波动，在中国转型经济环境下，随着企业间竞争的加剧，越来越多的企业开始意识到，在企业经营环境日益复杂的今天，单凭一己之力难以获得创新的成功，必须通过协作以提升创新能力，这种协作往往同时存在合作和竞争。例如，在手机芯片领域中，

---

① 《国家创新驱动发展战略纲要》政策解读［EB/OL］. 国务院新闻办公室，2016 – 05 – 24.

②③ 科技部：2019 年全社会研发支出达 2.17 万亿元［EB/OL］. 人民网 – 科技频道，2020 – 05 – 19.

④ 关键核心技术受制于人，补短板该注意什么？［EB/OL］. 瞭望，2016 – 06 – 04.

中国的华为公司和美国的高通公司既有合作也有竞争。2G、3G、4G、5G 技术的发展使高通逐渐成为手机处理器等芯片领域的龙头，国内的手机厂商，包括华为、vivo、小米、oppo 等均是其客户。截至 2019 年底，高通占据了中国国内手机芯片市场 41% 的份额，位居榜首①。但 2019 年 5 月，美国对华实行经济制裁，高通停止给华为供货，面对重重压力，华为麒麟芯片横空出世。据 CINNO Research 的数据显示，2020 年第一季度，华为海思芯片的中国市场出货量首次超过高通。而据高通的财报显示，受管制和新冠疫情影响，高通 2020 年第一季度的净利润同比下降 29%，全球芯片出货量大幅下滑②。但之后，为进一步谋求生存和发展，华为与高通达成了专利的和解，这是一场"双赢"的和解③。事实上，在美国对华为管控升级的形势下，华为的芯片供应困难重重，而华为海思无法制造芯片，唯有选择购买联发科、三星等公司的芯片，但这些公司的芯片与华为高端手机的产品线又无法完全匹配，因此，华为与高通的和解将促成芯片供应，稳固华为在高端手机市场的发展。而高通与华为的和解也有助于提高其业绩和稳固市场，促进通信标准的制定，并避免联发科、三星等竞争对手的潜在威胁。

上述事件启示我们：随着外部环境越来越复杂及不确定性，特别是数字化和信息化的发展推动了商业形态的变化，在日益动态的外部环境下，传统战略理论强调的竞争战略已不再适用，而是转变为以合作为基础的竞争，即合作和竞争并存，而企业联盟就是最常见的竞合表现形式。这种联盟既包括同行之间的联盟，也包括上下游产业之间形成的联盟。与同行业企业之间的联盟可以扩大市场，优势互补，提高行业的集中度，如上述华为和高通的合作。与同一产业链内上下游企业之间的联盟可以降低交易成本，创造更多的顾客价值，更好地应对变化的市场。但是，实践中企业联盟的表现却差强人意。例如，根据美国工业表现集

---

① 茜茜 . 华为支付 18 亿美元与高通和解，是一场双赢？［EB/OL］. 极客公园，2020 - 08 - 05.

②③　18 亿美元言和高通，华为努力适应［新秩序］［EB/OL］. 极客公园，2020 - 08 - 04.

团 2007 年发布的数据，美国一半的经销商认为与供应商的合作质量较低①。一些研究表明，联盟的失败率甚至达到 60%②。在动荡的外部环境下，有的企业能够通过竞合战略实现创新目标，获得持续发展，有的企业却难以为继，这不仅促使我们思考：与不同类型的合作伙伴竞合对创新的影响是否有差异？更具体地来看，与竞争对手的竞合战略和与上下游企业的竞合战略对企业创新的影响有何区别？如何管理不同类型的竞合战略既能实现创新收益又能兼顾保护核心技术和能力？

1.1.2　理论背景

1. 竞合战略的二元性及与动态关系观的融合

互联网时代，随着创新过程的日益复杂，越来越多的企业通过与合作伙伴建立竞合战略以获得创新所需的资源，并对这些资源进行组合、应用和创造，进而提升创新能力。相比单纯的合作或竞争，竞合更有利于联盟双方实现"共赢"。因此，竞合与创新的关系研究已成为竞合理论和创新理论关注的核心问题。

然而，随着研究的深入，学者们发现竞合带来创新能力提升的同时，也导致了机会主义的风险。如潜在的冲突、知识泄露、利益侵占和学习竞赛等。事实上，竞争对手之间的联盟并不能结束他们之间的竞争，他们的合作是为了提高市场占有率，但同时，合作也为竞争对手提供了同样的机会。由于企业是逐利的，在合作的过程中，联盟双方会为了共同利益而进行价值创造，但也会为了私人利益进行价值占有，因此，竞合过程中会不可避免地存在矛盾和冲突。这种矛盾和冲突本质上是由合作和竞争的二元性所决定的，它们不可避免地存在于竞合战略中，这种紧张关系不能完全消除，而且也不需要完全避免或消除，它是

---

① 陈雨田. 价值网络中不同竞合结构下的关系治理模式及绩效研究 ［D］. 上海：上海交通大学，2012.

② Hamel G. Y. L., Doz Y. and Prahalad C. K. Collaborate with your Competitors and Win ［J］. Harvard Business Review, 1989 (67)：133－139.

矛盾关系中不可避免的一部分。威廉（Wilhelm，2018）指出，管理者应该接受而不是否认或压制悖论的矛盾本质，并寻求在矛盾元素之间创造协同效应。所以，竞合是一种双赢的策略，但有时候它也可能是一种赢—输的策略，这取决于是否对其紧张关系进行了有效管理，通过建立必要和充分的压力，达到竞合战略的平衡以促进绩效。进一步来看，不同合作伙伴类型间的竞争和合作强度往往具有差别，这使企业间竞合战略具有不同的性质。如果对这种差异缺乏认识和了解，将无法清晰地辨识企业间竞合战略对企业创新能力的影响，也将阻碍企业依据不同的竞合战略和创新能力选择匹配的管理模式，导致企业无法有效地获取创新收益。因此，如何深入地认识不同竞合战略的本质并通过对竞合战略的管理获取创新能力，就成为实践界和理论界关注的核心和热点问题。

基于此，本书拟从治理机制有效性入手探讨竞合战略的管理。动态关系观为竞合战略的治理提供了良好的理论基础。关系观强调组织间合作是企业竞争优势和关系租金的重要来源，它认为互补资源、特定关系资产、知识共享例程和有效治理是价值创造的来源。根据这一理论框架，当合作伙伴之间具有互补资源以及采用有效治理时，企业将更有可能从其合作创新中获益。但随着时间的推移和外部环境的变化，合作关系带来的租金可能会发生变化，因此需要以动态的视角看待联盟中价值创造和价值获取的过程。这一观点有效地契合了竞合战略的动态变化，并考虑了互补资源和环境的变化，为深入剖析竞合战略及其治理提供了理论基础。

2. 渐进性创新和突破性创新的共存性及差异性

在新常态经济形势下，面对快速变化的竞争环境，企业不仅要应对因为环境变化导致的不确定性带来的生存危机，更要面对增强竞争优势及可持续发展的问题，这就要求企业同时具备战略灵活性和适应性，因此企业需要同时关注两类创新能力，即渐进性创新和突破性创新。近年来，虽然中国企业的创新水平和效果已有大幅度提升，但在自主创新能力方面仍存在不足，创新策略和路径过于单一，大多数创新主要基于技术引进或模仿创新，颠覆性创新和突破性创新极少，这成为制约我国企业提高创新水平的关键症结，对我国提升核心竞争力提出了极大的挑战，随着全球疫情肆虐导致的世界经济衰退以及我国经济下行压力加大，这些关键性问题越发凸显。相比而言，有统计数据显示，美国经济的发展动力大多数来源于其原始或技术颠覆型的创新，这类创新在美国的技术创新中占比 78%，它对美国经济的发展贡献巨大[①]。

学术界普遍认为，作为一种低层次的创新，渐进性创新是对现有技术和能力的局部改良和调整，与企业现有产品和服务密切相关；而作为一种较高层次的创新，突破性创新是指改变了企业现有技术的新产品和新技术，与新的行业、产品或市场密切相关。这两类创新性质上的不同使它们难以在企业内同时开展，但由于市场需求复杂多变和环境的快速变化及难以预测，企业一方面需要关注新的需求培育维持可持续发展的竞争优势，另一方面又需要通过提高产品性能和服务质量适应现有环境。因此，如何解决好这两类创新的共存问题一直是创新理论和实践中的难题。

那么，如何突破渐进性创新和突破性创新的发展桎梏呢？学者们分别围绕组织因素、环境因素、管理因素和创新网络等方面对创新的驱动因素进行了探讨，发现驱动和促进突破性创新和渐进性创新的因素各不相同。如前文所述，目前企业间的竞合战略越来越普遍，它能够帮助企业获取资源、节约成本、提高价值和促进创新绩效，但同时也应看到，竞合战略也带来了潜在的"黑暗面"，因为企业与合作伙伴的竞争并不会因为合作而停止，而是与合作共存。一家企业越想从与合作伙伴的合作中获益，它就越愿意分享自己的知识，其合作对手也会学到更多，从而在市场上变得更加危险，因此合作也有可能提高竞争对手的竞争优势。所以，对于企业的创新而言，企业间的竞合战略是机遇与挑战并

---

① 张春辉，陈继祥. 渐进性创新或颠覆性创新：创新模式选择研究综述 [J]. 研究与发展管理，2011，23（3）：88-96.

存。如何将竞合战略的二元性与两种创新能力有效匹配就成为一个非常迫切与富有理论和实际意义的研究问题。

1.2　研究问题的提出

通过上述对现实背景和理论背景的分析可知，企业只有通过与合作伙伴的合作和竞争不断提高创新能力，才能使企业在市场竞争中占有一席之地。因此，本书将聚焦于如何构建竞合战略并进行有效管理以提升创新能力这一关键问题展开。

如何管理竞合战略是近年来的研究热点，绝大多数学者认为竞合中存在紧张关系，应该进行有效管理。学者们围绕分离策略、整合策略、竞合能力、信息共享、治理机制 、保护机制等方面展开了探讨，深刻剖析了竞合的悖论、紧张关系及管理策略，但还在以下方面存在不足。

（1）竞合既发生在与竞争对手之间的横向联盟中，也出现在与上下产业链成员之间的纵向联盟中，不同联盟中既包括合作意愿也存在竞争紧张，合作和竞争的相互作用决定了竞合的价值潜力。现有研究忽视了企业与竞争对手的竞合战略以及企业与上下产业链成员的竞合战略之间的区别，导致未能深刻揭示两种不同竞合战略所代表的不同性质的矛盾，因此，还需要整合竞合理论和联盟组合，拓展现有竞合战略的研究范围。进一步来看，格尼亚瓦利和帕克（Gnyawali and Park，2011）指出，企业的治理模式是影响竞合的重要因素。戴尔等（Dyer et al.，2018）强调，合作和竞争的相互作用也影响治理机制的变化，合作和竞争的强弱程度不同，所选择的治理机制也存在有效性差异。因此，还需要结合不同的竞合战略深入探讨竞合治理有效性的问题。

（2）竞合有可能通过作用于某些中介变量来对绩效产生影响，例如，竞合通过影响组织间信息共享的内容和质量，从而间接作用于创新能力。但现有研究大多专注于竞合与创新能力之间的双变量模型，鲜有文献探讨两者之间的路径关系。进一步来看，大多数学者都认为创新目标实现的核心需要通过联盟组合配置获取和利用资源，但较少有研究从资源管理过程的视角探讨竞合战略与创新能力之间的机理及中间过程，还缺乏整合分析联盟组合中不同竞合战略的治理、资源管理过程与企业创新能力之间关系的研究。邓渝和黄小凤（2017）指出，创新需要大量异质性和互补的资源，在动态的环境下，企业通过联盟的方式使其有机会获取有价值的资源，但只有对资源的有效识取和配用才能实现创新目标，这使得动态的资源管理过程成为企业提升创新能力的一个关键作用机制。因此，有必要从动态的资源管理过程视角深入探讨竞合治理与创新能力之间的作用机理。

（3）竞合与创新能力之间的关系在实证结果中的不一致符合竞合的悖论性质，这促使人们采取权变的视角探讨这一问题，在特定的情景中密切关注竞合和创新能力之间的权变因素。例如，组织能力、市场不确定性、网络外部性和竞争强度、组织双元性等，这些都会影响竞合的效果。因此，还需要探索更多的权变因素以丰富竞合战略与创新的研究。竞合与创新之间消极和积极的结果表明，一些公司可能比其他公司更有能力管理竞合以及由此产生的紧张关系。因此，在组织层面上，企业竞合能力的高低也将会影响租金的获取。进一步来看，在不同的动态环境特征下，市场竞争、技术波动等因素都会影响联盟中关系租金的变化，因此竞合治理的效果也将受影响。那么，竞合治理在什么时候最有效？还需要从权变的视角引入组织变量探讨竞合能力的作用，以及引入环境变量考察竞合能力和不同竞合治理的作用边界。但纵观现有研究，还缺乏探讨在不同情境中对联盟组合关系的治理机制有效性的研究，对环境动态性特征和竞合能力的进一步解析也存在不足，需要深入探究在竞争与合作强弱及外部环境动态性程度高低的双重情境下如何选择联盟治理机制和发展竞合能力，从而获取全面和科学的认识，更加系统、深入地探索竞合治理的影响机制。

综上所述，关于竞合战略对创新的影响还存在不一致的结论，还需要从多维的、动态的和权变的视角对这种影响关系展开深入的探索和研究。因此，本书将从"企业如何构建竞合战略并选择治理机制以提升创新能力？"这一关键问题出发，解析不同竞合战略的本质，深入探讨不同竞合战略及其治理对不同创新能力的影响，并关注竞合治理与企业创新能力之间的中间过程，探讨两者关系的作用机理和影响机制。通过全面深入地分析以期回答以下四个逻辑紧密相关的子问题。

研究问题一：不同竞合战略的本质和差异是什么？

影响竞合战略结果的条件和过程从根本上植根于合作或竞争逻辑，对不同竞合战略结果的完整分析需要同时考虑这两种逻辑。不同竞合战略具有不同的竞合逻辑，这种逻辑的差异源于其性质的不同，进而导致合作和竞争的强弱程度也存在差异。本书将深入对比分析与竞争对手的竞合战略以及与上下游企业的竞合战略的异同，以期获得对竞合战略的本质认识。

研究问题二：不同竞合战略及其治理对企业创新能力的影响有何差异？

纵观现有研究，学者们普遍认为竞合战略能够同时获得合作和竞争的益处，但围绕竞合战略对不同创新能力的实证研究尚未获得一致的结论，它仍然是竞合和创新领域关注的重点。由于性质的不同，不同的竞合战略适用于不同的创新类型，两种竞合战略对企业创新能力的影响是否存在差异？进一步来看，它们所表现出的矛盾和风险也不一样，进而选择的治理机制也存在有效性差异。横向竞合中哪种治理机制更有效？它对渐进性创新和突破性创新的影响效果是否一致？纵向竞合中治理机制的作用是否具有差异？目前还没有研究将不同竞合战略、不同创新能力和不同治理机制置于一个理论框架，通过概念模型的构建，本书将探讨竞合战略对企业创新能力的影响，以及在合作和竞争强弱、创新程度高低的情景下如何开展联盟治理机制的选择。

研究问题三：竞合治理对企业创新能力的作用机制是什么？

尽管悖论式的合作关系有很高的失败率，但对竞合紧张关系管理的实证研究却比较缺乏。而且现有研究主要停留在直接关系的双变量模型，例如，竞合战略与创新能力或竞合战略的管理与创新能力，很少有研究探索两者之间的中间过程。竞合战略治理是直接作用于创新能力抑或通过某些中介变量作用于创新能力？资源管理过程在这一关系中起着怎样的作用？本书将从资源编排视角下的资源整合机制出发，采用实证分析深入探究竞合治理影响企业创新能力的中间过程。

研究问题四：组织因素和环境因素如何影响上述作用机制？

梳理现有研究，仅有少量文献从环境动态性、社会网络、二元特征角度探讨了其对竞合与绩效创新能力关系的影响。而几乎没有研究系统、深入地考察竞合治理对创新之间的权变效应。调节变量会影响竞合治理的有效性，它的引入有助于考察竞合治理的边界条件，从而使研究结果与实践紧密结合。因此，本书选取最常见和最重要的两类变量，即组织层面的竞合能力和环境层面的环境动态性，首先分析管理竞合战略的关键因素——竞合能力对资源整合的作用，其次进一步考察动态环境对这一作用机制的影响，深入探究在竞争与合作强弱及外部环境动态性程度高低的双重情境下如何选择联盟治理机制和发展竞合能力。

1.3 研究思路

1.3.1 研究对象界定

本书主要研究创新活动，相对而言，高新技术企业的创新压力更大，高技术产业似乎面临着独特的挑战和机遇，因此更常开展合作竞争，创新活动更频繁，更契合本书的研究目标。本书将调查对象限定为全国范围内的高新技术企业，并基于国家统计局的划分标准，包括高新技术制造业和高新技术服务业。其中，高新技术制造业是指国民经济行业中研发（R&D）投入强度相对较高的制造业行业，包括医药制造等六大类。高技术服务业是采用高技术手段为社会提供服务活动的集合，包括信息服务等九大类。由于本书主要专注于高新技术企业与竞争对手、产业链上下游成员所构建的研发联盟，而且本书因变量为渐进性创

新和突破性创新两种创新类型，因此，本书主要聚焦于研究对象相关的
技术创新活动，包括产品创新、工艺创新等。

1.3.2　技术路线

　　基于竞合战略的创新困境，本书将紧密围绕"企业如何构建竞合
战略并选择治理机制以提升创新能力？"这一关键问题展开，通过整合
竞合理论、动态关系观理论和资源编排理论，深入剖析竞合战略及其治
理与企业创新能力间的内在机理和影响机制。图 1.1 为本书的技术
路线。

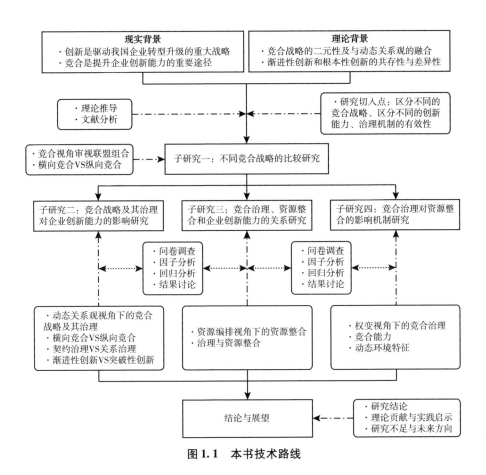

图 1.1　本书技术路线

首先，本书针对竞合战略的常态化和竞合战略的创新困境等现实和理论背景提出本书的研究总问题；其次，通过对竞合理论、动态关系观和资源编排理论进行梳理和总结，明确本书的切入点，即区分不同竞合、区分不同创新能力和治理机制的有效性，进而构建了本书的理论模型，并由此展开了四个紧密相关的子研究。

（1）子研究一将从竞合理论出发，根据合作与竞争的强弱程度不同，将联盟组合中的关系划分为横向竞合和纵向竞合，深入剖析不同竞合战略的动机、影响因素及合作和竞争的相互作用，明确不同竞合战略的本质差异。

（2）子研究二将基于动态关系观理论，探讨不同竞合战略及其治理对企业创新能力的影响，并通过313家企业的问卷调查，综合运用探索性因子分析、验证性因子分析、回归分析等方法进行实证研究。

（3）子研究三在子研究二的基础上将基于资源编排视角下的资源整合机制，探讨不同竞合战略的治理对企业创新能力的作用机理，并运用实证研究对资源整合的中介效应进行检验。

（4）子研究四将从权变的视角出发，引入组织层面的竞合能力和环境层面的环境动态性变量，考察不同竞合战略的治理和竞合能力对资源整合的影响机制，并通过回归分析等方法对调节效应进行检验，识别竞合治理和竞合能力的边界条件。

1.3.3 研究方法

根据本书的研究思路，借鉴创新管理和战略管理领域的主流研究方法，本书主要采用文献研究法、深度访谈法、理论归纳与演绎、问卷调查法和统计分析法相结合的研究方法。具体如下。

（1）文献研究。首先广泛收集与竞合和创新能力有关的文献，遵循三个原则对文献进行查阅和梳理，即最新、最权威、最相关，其次归纳总结文献的主要观点、不足和研究方向，以确定研究问题的切入点，奠定本书的理论基础。

（2）深度访谈。一方面，在选题前后，与企业的中高级管理人员和高级管理咨询师就企业研发联盟和竞合问题进行交谈，以保证研究问题更契合实际；另一方面，确定选题之后，与该领域的研究专家就模型的合理性和创新性进行反复多次的研讨，并根据建议不断调整概念模型，使模型更加科学和合理。

（3）问卷调查。总结和梳理相关文献后，结合理论和企业实际科学设计调查问卷，并根据企业管理人员和该领域专家的意见进行修改和调整。接下来在预调研的基础上进一步调整问卷的题项和措辞，形成正式的调研问卷。采用多种方法、多个区域进行正式调研，为实证分析提供数据基础。

（4）理论归纳与演绎。根据已有研究的理论基础和文献，探索新的理论视角，在竞合理论、动态关系观和资源编排理论等的基础上，从理论上推导论证竞合战略及其治理对企业创新能力的影响，利用资源整合的中介作用以及竞合能力和环境动态性的调节作用，构建系统的理论总模型和子模型。

（5）统计分析法。本书主要采用 SPSS 17.0 和 AMOS 24.0 两个软件对数据进行统计分析。通过 SPSS 17.0 软件对变量进行描述性统计、信度和效度检验、相关分析和共同方法偏差检验，对直接效应、中介效应、调节效应的假设进行层次回归分析；通过 AMOS 24.0 对各变量进行验证性因子分析。

1.4 结构安排

根据上述技术路线的逻辑，本书共分为七个章节，如图 1.2 所示，具体内容如下。

第 1 章为绪论。本章主要从研究背景出发，针对竞合战略实践问题和理论问题提出本书的研究问题，并对研究对象进行界定，介绍本书的研究方法和结构安排，并绘制了技术路线，阐述了本书的主要创新点。

第 2 章为理论基础与文献综述。本章首先对竞合理论、动态关系观和资源编排理论进行了系统回顾，厘清本书与上述理论观点的契合点。其次对企业创新、竞合和资源整合的相关研究进行综述，进而为本书构建理论模型提供依据。

第 3 章为不同竞合战略的比较研究。基于前一章的论述，明确本书的切入点，构建理论总模型，并对比分析联盟组合中两种不同的竞合战略的动机、影响因素以及合作和竞争相互作用的表现形式，为理论分析奠定基础。

第 4 章为竞合战略及其治理对企业创新能力的影响研究。本章针对第 2 章梳理的研究缺口进行理论分析，以动态关系观为理论框架，建立子模型一，据此考察不同竞合战略对企业创新能力的差异影响，以及治理机制对不同创新能力的作用，并对问卷设计、统计分析等相关研究方法进行描述，运用实证分析进行假设验证，最后对结果进行讨论分析。

第 5 章为竞合治理、资源整合和企业创新能力的关系研究。本章基于资源编排视角下的资源整合，在前述研究基础上进一步深入，建立子模型二，着重剖析竞合治理对企业创新能力的作用机制和中间过程，并通过理论推导提出相关假设，采用实证分析对假设进行检验，最后对研究结果进行进一步讨论。

第 6 章为竞合治理对资源整合的影响机制研究。本章从权变的视角出发，在前述研究基础上进一步聚焦，通过引入组织层面的变量竞合能力，以及环境层面的变量环境动态性，建立子模型三，探讨不同竞合战略中，竞合能力和联盟治理对资源整合的影响机制，并通过多元线性回归等方法对调节效应进行了检验，对研究结果进行了讨论。

第 7 章为结论与展望。本章对全书的论证过程进行了系统总结，概况了研究结论，阐述了理论贡献与实践启示，并指出本书中存在的不足及有待改进的地方，明确了进一步的研究方向。

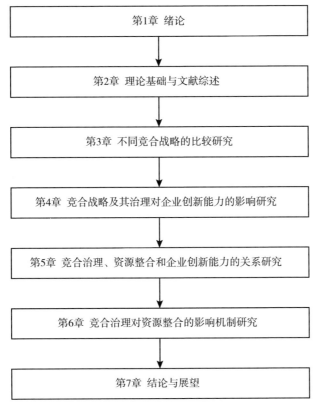

图 1.2 本书结构安排

1.5 主要创新点

结合竞合理论、动态关系观理论和资源编排理论，本书以联盟组合中不同的竞合战略为理论分析框架，遵循"结构—行为—绩效"的框架，建立了"竞合战略—治理机制—资源整合—能力创新"的理论模型，在此基础上形成了系统、全面的竞合治理对企业创新能力的理论假设，并进一步通过大样本统计分析对理论假设进行检验。对比已有的研究成果，本书的创新之处主要体现在以下三个方面。

（1）深入探讨竞合战略及其治理和企业创新能力的关系，为解决"竞合战略二元性"和"渐进性创新与突破性创新共存性"的难题提供了新的视角。

纵观现有文献，基于竞合战略的创新困境，在竞合战略与创新的研究中存在两个关键和突出的问题：竞合战略中的合作和竞争代表了两种不同性质的行为，企业创新中的渐进性创新和突破性创新代表了两种不同的创新能力，如何将这两对矛盾进行调和并有机地统一起来？

本书以动态关系观为理论框架，从治理机制有效性入手，为解决这一问题提供了新的思路。本书的研究结果表明，不同竞合战略对企业不同创新能力的影响具有差异：由于企业与供应商、客户的资源异质性及共同目标的驱动，以及突破性创新的复杂性、不确定性，相比横向竞合，纵向竞合更有利于突破性创新；相反，由于企业与竞争对手的资源相似性和市场重叠性，以及渐进性创新的明确性，相比纵向竞合，横向竞合更有利于渐进性创新。

进一步来看，不同竞合战略中合作和竞争的强度不同决定了治理机制的有效性差异：由于横向竞合中资源依赖性较低、机会主义风险较高，因此运用契约治理比运用关系治理更能提高渐进性创新。而纵向竞合中资源依赖性较高，机会主义风险较低，因此运用关系治理比运用契约治理更能提高创新能力，而且相比契约治理，关系治理对突破性创新更有效。由此可知，在管理竞合战略时，企业可以根据不同的竞合战略和创新类型选择治理机制以实现竞合战略的平衡和创新能力的提升。因此，本书的结论推动了竞合战略与创新问题的深入研究，扩展了联盟治理在竞合战略情境中的应用，拓宽了企业创新的研究视角。

（2）详细论证了"资源整合"在企业竞合治理与创新能力之间的中介作用，提出了基于竞合战略的资源整合机制。

通过结合竞合理论和动态关系观，本书聚焦资源编排框架中的资源整合和治理两个关键要素，构建了"竞合战略—治理机制—资源整合—创新能力"的概念模型，探讨了它们共同组成的资源整合机制对管理竞合战略的重要作用。实证研究表明，在横向竞合中，资源整合分别在契约治理与渐进性创新、关系治理与渐进性创新的关系中起着部分中介作用；在纵向竞合中，资源整合分别在契约治理与突破性创新、关系治理与突破性创新的关系中起着部分中介作用。由此提出了基于竞合战略的资源整合机制，包含资源获取、资源整合和资源利用三个环节。这一研究结论深化了对企业竞合战略作用机理的认识，从资源编排的视角打开了竞合治理与企业创新能力间关系的黑箱，为企业通过竞合治理对资源进行识取和配置，进而提升企业创新能力提供新的思路和途径，进一步深化和拓展了资源编排理论。

（3）充分揭示了不同环境动态性对企业竞合治理和竞合能力的权变影响，丰富了动态关系观的内涵和外延。

本书强调了竞合能力对管理竞合战略的重要性，实证结果表明，两种竞合战略中，竞合能力均正向影响资源整合。通过对环境动态性特征的进一步解析，本书的实证研究表明，不同的环境特征对管理竞合战略的两个关键要素——竞合治理和竞合能力的影响是不同的，即技术波动和竞争强度对治理机制与资源整合间的关系、竞合能力与资源整合间的关系具有差异的调节作用。在纵向竞合中，技术波动的调节作用更显著；在横向竞合中，竞争强度的调节作用更显著。这一研究结论丰富了对企业竞合治理和竞合能力作用情景的理解，为企业根据环境特征培养竞合能力和选择适宜的治理机制提供了全面的认识，补充了关系观在动态环境中的应用，通过实证分析深化了动态关系观。

1.6 本章小结

本章首先介绍了本书的研究背景，阐述了竞合对提升创新能力的重要性、竞合的"二元性"及与动态关系观的融合以及企业创新两种能力的差异性等，在此基础上提出本书的研究问题，同时介绍了本书的研究方法，明确了技术路线和结构安排，最后对比现有研究阐述了本书的主要创新点。本章为全书的开展和论证提供了严谨的逻辑指导。

第 2 章

理论基础与文献综述

2.1　相关理论基础

本书的理论基础包括竞合理论、动态关系观理论和资源编排理论。本章节回顾了上述理论的起源、发展、内涵、主要观点、贡献等，并进行理论述评，为全书的论证提供理论依据。

2.1.1　竞合理论

2.1.1.1　竞合理论的起源和发展

如何获取和保持企业的竞争优势一直是战略和创新管理领域的研究重点。在竞合理论提出之前，传统的竞争理论认为，企业想要实现超额绩效必须充分进行竞争，而合作不利于竞争优势的建立。其中，最具有代表性的是迈克尔·波特的"产业竞争理论"，该观点认为企业的竞争优势主要由产业结构和企业在产业中的相对竞争地位这两个因素决定，企业应该依靠总成本领先、差异化和集中三种竞争战略来构建竞争优势。20 世纪 90 年代，随着全球化进程的加快，企业竞争的环境发生改变，竞争理论转而聚焦于企业内部因素对竞争优势的影响，即认为企业的竞争优势源于企业内部独特的资源和能力，这种观点催生了"资源基础论"和"核心能力论"。例如，巴尼（Barney，1991）认为企业资源的异质性及资源在企业间的难以转移是企业维持持续竞争优势的关键要素。进一步来看，随着信息技术革命对企业的冲击，企业战略转向动态竞争，竞争动态学研究了企业竞争行为的频率、攻击性、复杂性和多样性对竞争对手行为的影响。因此，遵循竞争思想的研究表明，企业的绩效取决于它们的竞争相互作用，合作对竞争不利而且会降低绩效。

另外，20 世纪 80 年代以来，全球化进程的加快和信息技术革命深刻影响了企业的战略，战略管理中的合作思想开始萌芽，代表性的研究有尼耳森（Nielsen，1988）、布勒克尔和艾伦斯特（Bleeke and Ernst，2000）等。其中，尼耳森通过深入研究企业间合作的案例，指出合作也有利于企业竞争优势的建立，它比过于强调竞争更有效率。同样地，布勒克尔和艾伦斯特在《协作型竞争》一书中指出，驱动企业进行竞争的传统力量已经难以确保企业持续获得持久性的高利润，企业必须学会有效地合作以更好地竞争。在实践中，面对激烈的竞争环境，一些发达国家的跨国公司开始对战略进行调整，其中最明显的现象就是越来越多的企业开始加入"战略联盟"。有数据显示，20 世纪 90 年以来，企业间各种合作协议增长迅速，每年增速超过 25%[①]，这引起了理论界的广泛关注。早期基于交易成本学，学者们对国际合资企业进行了研究，而后进一步结合基于资源和关系的观点对联盟现象进行了深入探索。这一系列的研究表明，联盟和合作关系网络直接有助于提高企业绩效，而不仅仅是限制竞争。

由此可知，上述两种理论认为竞争和合作战略是企业间战略选择的两个极端，企业间要么竞争，要么合作。随着信息技术革命的加速演变，外部环境日益复杂，传统的战略思想已无法有效解释新的战略行为，在这种情形下，20 世纪 80 年代，美国 Novell 公司的首席执行官（CEO）诺拉（Noorda）首先提出"竞合思想"的理念，用以描述实践

---

① 郑景丽. 知识保护、规则构建、关系维护与联盟治理的关系［D］. 重庆：重庆大学，2012.

中政治经济领域合作和竞争同时存在的现象，但却并未引起学者的足够重视。

1996 年，布兰德伯格和纳尔波夫（Brandenburger and Nalebuff）首创性地提出"竞合"的概念，并将其正式引入战略管理领域。在其著作《合作竞争》中，他们从博弈论的角度重构了企业间的战略选择，基于博弈分析，构建了一个竞合理论框架，这开创了企业竞合理论的研究。其后，围绕竞合理论，学者们开展了深入的研究，研究内容主要包括竞合的内涵、竞合的前因和竞合的结果等。不过，这些研究尽管在竞争与合作的共存方面取得了一定的进展，但这些文献却一直致力于就竞合现象的定义和特征达成共识，大多数研究并没有将合作与竞争的文献进行充分的整合，对合作与竞争如何相互作用仍然缺乏研究。

针对此研究不足，霍夫曼等（Hoffmann et al.，2018）在深入剖析合作和竞争相互作用的基础上，构建了一个竞合研究的路线图，包括竞合的前因与后果、竞争与合作的性质、竞争与合作相互作用的本质以及这种作用产生的紧张关系，并提出了管理这种紧张关系的方法。霍夫曼等（Hoffmann et al.，2018）的研究为竞合理论提供了一个系统的研究框架，推进了竞合理论的深入和拓展，指明了未来研究的方向。

2.1.1.2　竞合战略的内涵

布兰德伯格和纳尔波夫（Brandenburger and Nalebuff，1996）最早提出竞合的概念，在著作《合作竞争》中，他们指出：管理者通过与竞争对手合作来克服传统的竞争思维，从而创造价值。他们认为，企业与合作伙伴在共同创建市场时合作，在分配利益时竞争，这种竞争和合作共存的关系称为"竞合"。学者们从狭义和广义两个维度对竞合进行了定义。狭义的竞合是指二元水平上的竞合，如哈梅尔等（Hamel et al.，1989）将企业与直接竞争对手之间的合作定义为竞合，这是竞合研究的初级阶段。本特松和科克（Bengtsson and Kock，2000）指出，竞合是两个企业之间同时进行的竞争和合作，关系的不同部分被划分为不同的活动。例如，企业通常在接近消费者的活动环节如营销展开竞争，而在远离消费者的活动环节如研发展开合作。广义的竞合是指组织网络间的合作竞争集合，这种思想从更广义的层次定义了企业竞合的范畴，将企业的竞合对象拓展到客户、供应商、互补生产者等，加深了对合作和竞争互动本质的认识。例如，布兰德伯格和纳尔波夫（Brandenburger and Nalebuff，1996）指出竞合战略包括价值网络中供应商、顾客、竞争者在内的多成员间的多方博弈。本特松和埃里克松（Bengtsson and Eriksson，2010）认为竞合是两个或多个参与者同时竞争和合作的互动过程。

从研究层面上看，竞合可以发生在个人之间、部门之间、企业之间、企业与其他研究机构之间（大学）以及创新生态系统中。例如，从部门的视角出发，罗等（Luo et al.，2006）研究了跨部门竞争、跨部门合作强度和能力的同时发生对企业客户和财务绩效的影响。周江华等（2019）研究了企业内部与创新最相关的两个部门——研发部门与市场部门，探讨了它们之间的竞合战略对企业创新绩效的影响。更多的学者关注组织间的竞合战略。如里塔拉和哈莫利纳 – 劳卡宁（Ritala and Hurmelinna – Laukkanen，2009）比较了企业与竞争对手的竞合和与非竞争对手的竞合在价值创造和价值占有方面的不同。莱希纳等（Lechner et al.，2016）考察了影响中小型企业销售增长的垂直竞合的具体特征。李东红等（2020）通过中国制造企业的数据研究了本土竞合和境外竞合对企业创新绩效的影响。也有学者关注创新生态系统中的竞合问题。例如，兰加纳坦等（Ranganathan et al.，2018）阐述了生态系统中竞争和合作的多边相互作用如何影响承诺和机会主义之间的紧张关系。培根等（Bacon et al.，2020）通过比较竞争对手和非竞争对手之间的知识转移情况对创新生态系统中的竞合进行了研究。梳理文献可知，企业之间的竞合是研究的主流和重点，随着创新生态系统的发展，学者们也开始对创新生态系统中的竞合问题表现出了浓厚的兴趣。

从研究范围来看，基于价值链的活动划分，竞合主要发生在研发和销售两个环节。例如，金塔纳和贝拉斯科（Quintana – Garcɪ'a and Benavides – Velasco，2004）分析了竞合战略对技术多样性和新产品开发的影响。博肯等（Bouncken et al.，2018）研究了新产品开发不同阶段竞合对渐进性和突破性创新的影响。吴菲菲等（2019）聚焦技术创新中的标准，分析了基于技术标准的企业竞合战略与竞合策略选择。相比而言，销售竞合也是一种重要的竞合现象，它与研发竞合有很大的区别。如佩莱格林·鲍彻（Pellegrin－Boucher，2018）研究了 ERP 行业中的销售竞合管理问题。克莱因等（Klein et al.，2020）探讨了企业与竞争对手在多个市场的竞合及其影响。通过文献分析可知，由于竞合行为经常发生在以技术为主导的产业中，因此研发联盟中的竞合研究是目前学者们关注的热点。

2.1.1.3　竞合理论的研究视角

竞合现象由来已久。近年来，随着外部环境复杂性和动态性的增加，企业间同时合作和竞争的现象越来越普遍，这引发了大量学者的关注，关于竞合的研究也在不断丰富，其中，不少文献都强调了竞合的重要性和优势，它们分别从资源基础理论、博弈论、社会网络理论、交易成本理论、组织学习理论、权变理论和动态关系观等视角对竞合展开了研究。表 2.1 总结了各理论的理论视角、核心观点和代表文献。

表 2.1　　　　　　　　　　　竞合理论的研究视角

理论视角	核心观点	代表文献
资源基础理论	企业可以通过竞争和合作获取需要的资源	格纳瓦利和帕克（Gnyawali and Park，2009）、里塔拉和哈莫利纳－劳卡宁（Ritala and Hurmelinna－Laukkanen，2013）
博弈论	竞合是实现双赢的有效策略	布兰德伯格和纳尔波夫（Brandenburger and Nalebuff，1996）、金塔纳和贝拉斯科（Quintana－Garcı'a and Benavides－Velasco，2004）等
社会网络理论	企业可以利用网络资源创造价值	拉维（Lavie，2007）
组织学习理论	企业通过竞合战略可以实现学习	博肯和克劳斯（Bouncken and Kraus，2013）、博肯和弗里德里希（Bouncken and Fredrich，2016）、埃斯特拉达和董（Estrada and Dong，2020）

理论视角	核心观点	代表文献
权变视角	竞合绩效取决于特定的情景	里塔拉（Ritala，2012）
动态关系观理论	从动态的角度看，引起价值创造的因素也会导致价值下降	戴尔等（Dyer et al.，2018）

资料来源：笔者整理。

已有学者基于单个或组合几个理论视角对竞合相关问题进行了研究，本书列举了一些代表性的文献。例如，基于资源基础观，里塔拉和哈莫利纳－劳卡宁（Ritala and Hurmelinna‑Laukkanen，2013）研究了有利于企业与竞争对手协同创新的企业特有因素。结果表明，企业的占有性制度和潜在的吸收能力对渐进性创新有积极影响，在激进性创新的情况下，占有性制度具有正向影响，而吸收能力的影响不显著。格纳瓦利等（Gnyawali et al.，2006）采用网络视角考察了合作竞争及其效应，结果发现，在合作竞争网络中，企业之间不同的网络配置和结构位置反映了企业之间的资源不对称，而这种不对称导致了企业竞争行为的差异。进一步来看，格纳瓦利和帕克（Gnyawali and Park，2009）基于资源基础理论、博弈论和社会网络理论，全面考察了中小企业竞合的驱动因素、收益和成本。邓渝和黄小凤（2017）基于整合资源基础理论和社会网络理论，提出了联盟组合伙伴竞争通过资源整合作用于焦点企业突破性创新的理论模型，结果表明，保持适度的联盟竞争水平有利于提高企业的突破性创新，资源整合在上述关系中起着中介作用。

基于交易成本理论，博肯等（Bouncken et al.，2016）通过对372个医疗设备行业垂直联盟的调查研究，探讨了企业如何通过联盟治理（单一治理、多边治理）来改善竞合联盟的产品创新。埃斯特拉达和董（Estrada and Dong，2020）从权变的视角和组织学习理论出发，通过2007～2014年911家西班牙制造企业的数据，探讨了竞合经验和企业盈利能力之间的关系。研究发现，竞合经验负向影响企业盈利能力，而且研发投入的增加加剧了这种负向影响，但IT投资的增加减弱了这种负向影响，使竞合经验对企业盈利的影响从负向转向正向。基于权变的视角，里塔拉（Ritala，2012）考察了竞合战略成功的条件，通过对209 家芬兰公司的跨行业调查数据进行实证分析，结果表明，在市场不确定和网络外部性较高、竞争强度较低的情况下，竞合战略有利于创新和市场绩效。基于组织学习的视角，博肯和弗里德里希（Bouncken and Fredrich，2016）通过对医疗器械行业 366 家企业进行调查，研究了企业的联盟导向及其网络规模如何影响从合作商处获得的知识的利用，结果表明，较高的联盟导向和更多的联盟伙伴能够使企业从合作伙伴处实现学习。

总结已有的理论视角可知，相比单纯的合作和竞争，竞合是最复杂和最具有优势的战略。复杂是指合作和竞争的理论基础和逻辑上的差异和冲突。优势是指竞合比单纯的合作或竞争更有利于企业的创新。竞合的核心问题是价值创造和价值占有。价值创造是组织之间通过相互合作，发展互惠和相互信任，共同创造更多共同利益的过程，如减轻竞争压力、学习和获取所需的资源、进入新的市场、减少不确定性等；价值占有则是组织之间面对利益冲突时相互竞争、获取更大私人利益的过程，如知识和资源占有、市场份额、利益分配等，这两种机制共同构成了竞合的二元性。

2.1.1.4　竞合理论的研究述评

目前，关于竞合的研究已成为创新管理和战略管理领域的重要主题，尽管已有文献在竞争与合作共存方面取得了一定的进展，但这些零散的文献却一直在努力就竞合现象的定义和特征达成共识，大多数研究没有将合作和竞争进行充分的融合，对合作与竞争如何相互作用缺乏认识。因此，未来的研究还需要进一步深入探讨竞合战略的类型、竞合战略的管理、竞合战略的创新困境等关键课题，并进行相关的理论分析和实证研究，完善竞合研究的理论框架，补充和丰富竞合理论。

2.1.2　动态关系观理论

2.1.2.1　动态关系观的起源和发展

行业结构观和资源基础观为解释企业绩效的差别提供了很好的理论视角，但它们忽视了单个企业的优劣势往往与其所处的关系网密切相关的事实。因此，围绕合作关系如何增加企业价值的问题，戴尔和辛格（Dyer and Singh，1998）提出了关系观。这种理论视角将二元/网络程序和过程作为理解竞争优势的一个重要分析单元，认为公司的关键资源可能超出公司边界，它强调了组织间合作作为竞争优势和关系租金来源的重要性。关系租金指建立了某种正式和非正式合作关系的组织之间，因其关联关系本身而对合作双方提供的价值增量，这种利润不能由任何一家企业单独产生，只能通过特定联盟伙伴的共同特质贡献产生。

关系观认为互补资源、特定关系资产、知识共享例程和有效治理是价值创造的来源。其中，互补资源是联盟形成和管理的焦点，联盟伙伴为联盟带来了独特的资源，当这些资源与焦点企业的资源相结合时，就产生了协同效应；而特定关系投资有助于降低总价值链成本、获得更大的产品差异化、减少产品的缺陷和缩短研发周期，从而提高关系租金；知识共享例程也有助于企业获取关系租金，通过制度化企业间交互的规则模式，企业可以通过知识共享例程获得联盟伙伴的知识，促进联盟伙伴之间知识交流；需要强调的是，治理在关系租金的产生中起着关键作用，有效的治理机制能够降低交易成本，提高联盟伙伴参与价值创造活动的意愿。

关系观为解释企业间合作如何"1 + 1 > 2"地提升企业价值提供了理论依据，学者们基于此观点对组织间合作产生租金的机制开展了研究。例如，拉维（Lavie，2007）通过对美国367个国家的联盟投资组合进行时间序列分析，探讨了网络资源的价值创造效应。拉维指出，联盟中杰出的合作伙伴是一把"双刃剑"，它有可能通过价值占有削弱企业从其联盟组合中获取关系租金的能力，网络资源对创造价值的贡献应考虑焦点公司与其合作伙伴之间以及联盟投资组合中合作伙伴之间的关系的性质，作者强调了区分价值创造和价值分配机制的重要性。

关系观也为研究开放式创新的边界条件提供了富有洞见的理论视角。开放式创新在为企业带来新知识和互补的资产的同时，也带来了与吸收、利用知识相关的成本和可能的占有问题，因此学者们建议应采取权变的视角看待开放式创新，利希滕泰勒（Lichtenthaler，2011）认为关系观点为开放式创新的权变视角提供了宝贵的理论基础。基于此观点，盖辛等（Gesing et al.，2015）以关系观为基础，探讨了合作伙伴类型、治理模式和内部研发之间的关系。他们指出，不同类型合作伙伴（如客户、供应商、大学和研究机构）在其价值创造潜力和价值占用风险方面的具体特征，因此采用适合每个创新伙伴类型的特征和焦点企业所追求的特定创新目标（渐进性和激进性的新产品开发）的治理模式可以增加创新合作的收益。通过 2502 家德国公司的跨行业证据，作者强调了合作治理的关键作用，并指出其作为一种权变因素是关系观点的核心。蒙泰罗等（Monteiro et al.，2017）基于关系观，从企业层面因素的角度探讨了开放式创新的边界条件。总结已有研究可知，关系观为理解"开放式创新的悖论"提供了很好的理论视角。

企业的合作关系会随着合作要素和环境的变化而演化，关于关系观的研究也在进一步深入和发展。20 年后，戴尔等（Dyer et al.，2018）重新修订和拓展了关系观，他指出，需要采用动态视角看待联盟中的价值创造和价值获取过程。他认为，企业之间形成联盟主要是为获得互补资源，它提供了价值创造的潜力，但随着时间的推移，互补资源带来的好处可能会减弱。作为一个状态变量，互补资源影响了价值创造的其他三个决定因素：特定于关系的资产、知识共享程序和有效治理的变化。一般来讲，互补资源之间的资源依赖性越大，由特定关系资产和知识共享惯例的后续投资所创造的潜在价值就越大，而且，特定关系资产和知识共享程序会动态地共同发展，对一种投资越多，对另一种投资就越多，从而增加了创造价值的潜力，但这种高投资也会引发占有问题，所以，需要采取适宜的治理机制以确保合作，减少协调成本。而且动态环境也会对已有联盟的价值创造产生不利影响。

2.1.2.2　动态关系观的理论框架

动态关系观认为，互补资源是一种状态变量，它提供了价值创造的潜力，影响了价值创造的其他三个决定因素，如图 2.1 所示。在不同的竞合战略中，互补资源的依赖程度存在差异，决定了治理机制的有效性和重要性。纵向竞合中，合作往往是为了获取互补的资源；横向竞合中，虽然也有基于互补资源的合作，但更多的是围绕资源相似性展开的创新活动。而且这些资源的依赖程度会随着环境的波动而发生变化，进而也导致了治理机制的变动。因此根据本书的研究思路，本书将重点探讨以下两组关系：互补资源与有效治理，以及互补资源与动态环境。

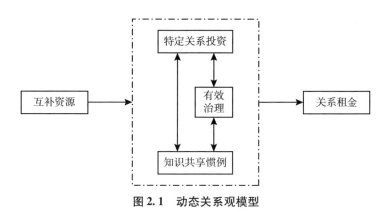

图 2.1　动态关系观模型

资料来源：笔者根据 Dyer J. H. , Singh H. , Hesterly. , et al. The Relational View Revisited：A Dynamic Perspective on Value Creation and Value Capture ［J］. Strategic Management Journal，2018，39：1 – 23. 绘制。

（1）互补资源与有效治理。

获取互补资源是企业联盟构建的初衷，通过开展组织间协作，企业主要通过以下两种方式获取价值：一是互补资源本身可以自行产生租金；二是通过投资特定关系资产（RSA）和知识共享例程（KSR）获取租金。特别是对研发联盟而言，开发共享知识和吸收新知识的有效流程的合作伙伴更有可能在创造价值方面取得成功。但上述价值创造机制只有这些资源的特征是低水平的相互依赖时才有效。根据资源依赖理论，为了获取外部资源，企业与伙伴建立联盟开展合作，这种需求构成了其对外部环境的依赖。随着相互依赖程度的增加，企业相应要增加对 RSA 或 KSR 的投资，这样才有可能产生价值，而增加投资就会面临投资成本和协调成本的增加，交易成本也随之提升，从而导致容易出现机会主义行为，增加了合作的风险。因此，戴尔等（Dyer et al.，2018）提出，当联盟伙伴的互补资源相互依赖程度较低时，价值创造通常会遵循倒"U"型模式。而当联盟伙伴的互补资源相互依赖程度较高时，价值创造通常会遵循"S"型模式。

由此可知，从互补资源中创造价值的一个关键因素是企业间协调的成本，当合作伙伴试图从补充资源中产生租金时，他们首先必须考虑实现互补资源收益所需的相互依赖性或协调程度的性质。因此，合作伙伴之间资源相互依赖的本质不仅影响 RSA 和 KSR 的投资，而且还影响治理机制的选择。适宜的治理机制一方面能够保证及促进伙伴间价值资源的整合、激励伙伴共同进行价值创造、提高联盟决策效率；另一方面能够消除或减少伙伴间的投机行为，保护交易专有性的投资，降低伙伴间机会主义风险、降低伙伴间互动的成本并保证彼此的利益获取。

根据已有文献，联盟组合的治理机制主要分为两个维度：契约治理和关系治理。它们基于不同的理论基础，在组织间关系中起着不同的作用。根据交易成本理论，契约治理是指通过规定程序、制定条款和签订正式合同以规范交易，减少矛盾和冲突，降低机会主义风险。根据社会交换理论，关系治理是指通过个人关系或良好的交易历史，建立关系规范和信任，有助于减少机会主义和改善合作关系，达到互惠和共赢。已有研究指出这两种治理机制在一定条件下都是有效的。关系观认为，相比正式保障措施，非正式保障措施在减少交易成本、增加知识共享方面更有效，大量学者也论证了这一观点。然而，盖辛等（Gesing et al.，2015）以关系观为基础，研究了合作伙伴类型（以市场和研发为中心的创新伙伴）、治理模式（非正式、自我执行和正式、契约协作治理）

和内部研发之间复杂的相互作用。结果显示，治理机制的运用取决于创新伙伴的类型和焦点企业的创新目标，非正式保障措施并不是普遍优于契约治理。可见，治理机制的有效性高度依赖于情景。基于互补资源建立起来的不同竞合战略如何选择适宜的治理机制，还需要开展更多的探索和研究。

（2）互补资源与动态环境。

权变理论认为，每个组织都具有不同的内在要素，作为一个开放的系统，其组织处于不同的外部环境中，因而在管理活动中不存在适用于任何情景的原则和方法，它强调在管理中需要针对不同的情景灵活采取最合适的管理模式。根据动态关系观，外部环境的变化也会影响合作和竞争的相互作用。多数学者指出，企业与直接竞争对手结盟的动机大多与环境条件有关，例如，新技术的出现或融合、竞争压力的增大。

从动态的角度看，随着联盟生命周期的变化和环境的变化，带来更高价值创造的因素也可能导致联盟绩效的下降，如信任、重复关系等。而且，有价值的伙伴关系资源受制于竞争性模仿。当合作伙伴之间资源高度依赖时，竞争对手的模仿会更加困难，这就导致了因果关系的模糊性和复杂性。而当联盟双方资源依赖程度较低时，模仿合作伙伴资源的市场竞争越激烈，在焦点联盟中关系租金下降得越快。同样地，环境中不连续的技术、需求或监管冲击也会导致租金的减少。随着外部环境的波动，企业将面临技术、需求、竞争或监管的频繁变化，这使企业适应环境充满了挑战。而且，环境变化的速度和幅度可能会对关系租金产生不同的影响，当合作双方资源依赖程度较高时，技术冲击会使合作伙伴特别难以适应，它会破坏现有合作伙伴的互补资源和特定关系资产的价值，进而降低已有联盟的价值创造租金。相反，在高度动态的环境中，技术变化迅速但表现得更渐进和连续的情况下，合作伙伴可以通过合作以应对不断变化的市场条件，从而提高联盟的价值创造租金。

由此可知，竞合对创新的影响与环境有关，作为重要的权变因素，外部环境既能促进企业的创新，也会阻碍企业的创新，通过将环境维度与竞合分析相结合，我们可以了解各合作伙伴的利益如何随时间变化，以及环境维度的变化将如何影响合作伙伴对合作的潜在价值。因此，鉴于转型期的中国企业外部环境的典型特征是变化快和动荡性，本书拟选取从动态性角度来检验环境对合作和竞争的影响。

已有学者对环境动态性的定义和内涵开展了大量的研究。戴斯和博得（Dess and Beard，1984）指出，环境动态性是指环境的变化频率、不稳定程度和可预测程度。米勒（Miller，1987）认为，环境动态性是指产业环境中创新和变化的速度，以及预测客户和竞争者行为的不确定性等。陈国权和刘薇（2017）指出环境动态性是指企业与其利益相关者的行为或需求的变化程度，以及有关产品和服务、行业趋势和技术创新的变化程度。根据已有研究，大多数学者都认为环境动态性是一个多维的构念，他们指出，不同维度的环境动态性会对企业产生差异的影响。例如，贾沃斯基和科利（Jaworski and Kohli，1993）指出，环境动态性是指环境的快速性和难以预测性，并将其划分为市场波动、技术波动和竞争强度，其中，技术波动是指产业技术变革和发展的速度；竞争强度是指企业在产品市场中面临的竞争压力的强烈程度；市场动态性指顾客构成和顾客偏好的变化程度。类似地，威尔顿和古德根（Wilden and Gudergan，2014）也将环境动态性划分为市场动态性、竞争动态性和技术动态性。詹森等（Jansen et al.，2006）将外部环境划分为环境动态性和环境竞争性。李正卫（2003）和谢洪明（2005）认为，环境动态性包括技术发展的动态性，以及市场需求的动态性。基于已有的研究，李浩和胡海青（2016）将环境动态性划分为技术波动和竞争强度，并分别用行业内技术革新速率和市场竞争参与程度进行解释。

本书中，我们依据大多数学者的划分标准，将环境动态性划分为技术波动和竞争强度两个维度。技术波动是指技术发展的变化速度，竞争强度是指市场竞争的激烈程度。

2.1.2.3　动态关系观的研究述评

动态关系观为通过组织间关系创造价值提供了很好的理论基础，根据这一理论框架，当合作伙伴之间具有互补资源以及采用有效治理时，企业将更有可能从其合作创新中获益。动态关系观通过采用动态视角看待联盟中的价值创造和价值获取过程，强调互补资源的依赖程度这个关键因素，为深入分析影响合作和竞争相互作用变化的因素提供了理论依据，但在竞合战略的管理方面还需要更深入的探索。

（1）竞合战略的管理。

如前文所述，联盟间过高的合作和竞争都不利于发挥竞合战略的优势，只有平衡的竞合战略才能为组织带来竞争优势，因此，需要对竞合战略进行有效管理。一方面，竞合战略管理的根本挑战是如何平衡价值创造和价值占用之间的紧张关系，但这方面的实证研究还比较缺乏；另一方面，本特松等（Bengtsson et al.，2016）指出，竞争对手之间的联盟失败率极高的原因是企业缺乏必要的能力来管理这些紧张关系，关于竞合能力如何帮助企业处理竞合悖论和由此产生的紧张关系，也几乎没有任何详细的实证调查。因此，未来还需要开展更多的实证研究以探讨竞合战略管理的方法，以及竞合能力的作用。

（2）动态环境下的竞合战略管理。

现有研究对环境动态性的内涵和维度开展了丰富的研究，而且大多数学者都认为环境动态性是一个多维的构念，他们指出，不同维度的环境动态性会对企业产生差异的影响。但纵观现有研究，对环境动态性不同维度的特征还需要进一步解析，且还缺乏在动态环境下对竞合战略管理的研究。动态环境下合作和竞争会发生哪些变化？竞合战略管理策略需要做出什么样的调整？对这些问题的回答将扩充动态关系观的理论研究范围，有助于界定竞合战略管理的边界条件，丰富竞合文献。

2.1.3　资源编排理论

2.1.3.1　资源编排理论的起源和发展

资源基础理论的核心在于资源与价值，它强调企业对异质性资源的占有是其实现价值的基础。类似地，动态能力理论研究主要关注在动态情境下，企业如何通过构建动态能力实现持续的竞争优势。但是，仅拥有资源并不意味着建立了竞争优势。相反，一个公司如何使用其资源至少与拥有何种资源同等重要，资源必须被积累、捆绑和杠杆化，这意味着只有当资源得到有效管理时，才能实现资源创造竞争优势的全部价值。而资源基础理论过于关注"寻租资源的一般特征"，动态能力理论在解释企业如何动态地运用资源方面存在不足，这两种理论都忽视了资源配置过程的具体机理和机制，即对如何利用资源来创造价值的洞察。因此，学者们在已有研究基础上开始关注资源获取和整合过程的动态性。

西蒙等（Sirmon et al.，2007）的资源管理框架明确指出了过程导向的管理行动，这些行动涉及实现竞争优势和创造价值。他们将资源管理定义为构建、捆绑和利用企业资源的综合过程，目的是为客户创造价值和为企业发展提升竞争优势。赫尔法特等（Helfat et al.，2007）提出了一个基于资产编排的相关框架。他们认为，资产编排包括两个主要过程：搜索/选择和配置/部署。在此基础上，西蒙等（Sirmon et al.，2011）提出了资源编排（resource orchestration）理论，如图 2.2 所示。

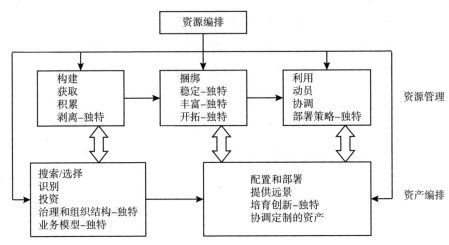

图 2.2　资源编排框架

附：独特是指该元素在互补框架中没有对等的概念。

资料来源：笔者根据 Sirmon D. G.，Hitt M. A.，Ireland R. D. Managing firm resources in dynamic environments to create value：Looking inside the black box ［J］. The Academy of Management Review，2007，32（1）：273 - 292. 绘制。

该理论认为资源管理框架和资产编排框架对于实现公司资源的潜力以促进创造竞争优势均是重要的，它们既有相似之处也有互补的地方，将它们整合起来将有助于研究管理人员在能力和基于资源的行动。围绕宽度、深度和生命周期三个方面，笔者对资源编排理论进行了阐释，深化和拓展了资源基础及动态能力理论。

围绕资源编排理论，国内外学者们开展了一些研究。例如，卡尔纳布奇和奥佩尔蒂（Carnabuci and Operti，2013）提出资源编排应该包含三个方面，即构建资源组合、将资源组合变成能力和利用资源进行价值创造。通过引入生命周期理论的权变因素，许晖和张海军（2016）运用案例研究提出了制造业企业的资源编排过程，包含构建资源组合、资源归拢组合和资源转化利用，强调了企业管理者参与的资源动态管理是企业构建创新能力的基础。刘新梅等（2017）结合资源编排理论与竞争价值框架，分析了高层管理者长期导向与资源柔性构成的资源编排机制对新产品创造力的影响。张建涛（2018）基于资源基础、资源编排和创新理论，以中国企业为研究对象，探讨了冗余资源如何影响双元创新和冗余资源如何影响企业绩效的核心问题。研究发现，资源编排调节了冗余资源和双元创新之间的关系，而且资源编排的不同维度对冗余资源的不同维度和双元创新的不同维度的调节作用有所差别。王国红等（2020）基于资源基础理论与资源管理理论，对 4 家技术新创企业进行多案例分析，通过解析创业网络与企业成长之间资源编排的作用机制，揭示了企业成长内在机理。研究发现，创业网络促进企业成长的驱动作用有赖于资源编排的中介机制，从而形成创业情境中"结构—行为—绩效"的理论模型。黄昊等（2020）基于资源编排理论从过程与动态视角切入解析资源基础与创业能力的共变情况，建构了"资源编排—创业能力—成长绩效"的理论模型，他们利用探索性案例研究发现，企业成长过程伴随着资源基础与创业能力的共演化，资源编排行动作为重要促因贯穿始终。这些研究丰富了资源编排理论，为后续的研究提供了参考依据。

2.1.3.2　资源编排视角下的资源管理过程

从理论层面来看，围绕企业如何通过对资源进行有效管理以形成竞争优势的研究已逐渐成为资源行动研究的主要趋势。因此，在瞬息万变的市场环境下，资源编排理论的提出正逢其时，它弥补了资源基础理论对动态环境的不足，通过研究企业如何面对外部环境，并根据资源组合主动与外部环境相匹配，找到更加适用于企业自身的资源组合。

根据资源编排理论，资源管理框架和资产编排框架中都包含独特的元素，如图2.2所示，这些是对方所不具备的，正是这些互补性促进了它们的整合。例如，资源管理框架中的捆绑是指整合资源以形成能力的过程，资产编排框架中的治理是指企业通过寻找或选择资产，设计治理结构的过程，这两个因素在原有的框架中都具有独特性。因此，聚焦于资源编排框架中的关键因素并探讨它们之间的相互作用更有利于丰富资源编排理论，为资源编排理论的研究提供更深入、更具体的研究视角。

2.1.3.3　资源编排理论研究述评

综上所述，虽然资源编排理论提出较早，但围绕该理论还存在大量待研究的空间。例如，企业如何通过资源编排促进绩效提升？资源编排对绩效的作用机制和影响机理是什么？资源编排的子过程如何相互作用和协同发展？等等，这些问题都有待进一步的探索和研究，而且还需要进行更多的实证研究，以丰富资源编排理论。基于此，本书将基于竞合战略的情景，整合资源编排框架中的两个独特的关键因素：资源整合和治理，并剖析它们的相互作用对绩效的影响。

2.2　文献综述

已有大量研究得出竞合能够促进创新，并基于不同的视角对竞合与创新能力间的关系进行了研究。本节对本书涉及的关键变量及其关系的相关研究进行了系统梳理，如企业创新、竞合战略的驱动因素、作用结果和管理、资源整合等，通过梳理现有研究成果厘清本书对其的深化和拓展。

2.2.1　企业创新相关研究

2.2.1.1　创新的概念和理论发展

熊彼特（Schumpeter，1934）首次提出创新理论，他认为创新是经济发展的主要推动力，是企业的核心竞争力。他认为创新是新要素和新生产方式的组合，并提出创新包括五大方面，即产品、工艺、市场、原材料和管理模式方面的创新。传统经济学将技术进步和创新看作是经济发展的外生变量，熊彼特强调创新也是经济发展的关键因素，其颠覆了传统经济学家的观点，为经济学的发展做出了重要的贡献。类似地，奈特（Knight，1967）将创新定位为组织对面临的环境做出前所未有的决策，他认为企业的创新包括各个方面，如设备、材料、渠道、工艺等方面的创新。达夫特（Daft，1978）提出了组织创新双核模型，包括技术创新和管理创新。其中，技术创新是指企业技术开发方面的创新，企业管理方面的创新则被称为管理创新。

根据学者们研究视角的不同，杨菲（2018）从结果观、过程观和能力观三个角度对创新的概念进行了综述。其中，结果观主要以熊彼特、罗德斯和威尔德（Rhodes and Wield，1994）、蒂默尔等（Timmers et al.，1998）为代表，强调创新是创造了一种新的结果。这种结果的表现形式主要有产品创新、市场创新、管理创新、过程创新等，罗德斯和威尔德（1994）从服务创新的角度、蒂默尔等（1998）从商业模式创新的角度扩展了创新的结果观。而过程观主要将创新视为一个过程，它描述了企业的一系列活动。例如，蒂德和贝赞特（Tidd and Bessant，2012）认为创新是一项核心过程，提出了创新的过程模型，包括搜寻、选择、实施和获取四个阶段，并围绕这四个阶段的关键问题对创新进行探讨。演化理论学者将创新定义为新思想和新活动的产生、采纳和应用的过程。与此类似，我国大部分学者也持这种观点。例如，许庆瑞（1990）认为创新是通过新思想的产生和应用，创造新产品的过程。魏江（2005）提出企业技术创新是解决问题的过程，并将其划分为了五个阶段。结合这两种观点，克罗斯安和阿帕伊（Crossan and Apaydin，2010）认为创新既是一个过程，也是一种结果，并认为创造新价值的过程、推出新产品和服务、扩展新市场、建立新的管理系统等都属于创新的范畴。

在熊彼特创新思想的指引下，创新理论逐渐衍生和发展起来，研究视角先后经历了从经济学到管理学，再到社会学演变的过程。在20世纪70年代以前，基于当时技术进步对经济社会所产生的重大影响，格里利切斯（Griliches）、罗森伯格（Rosenberg）、曼斯菲尔德（Mansfield）等主要关注企业规模、市场结构与技术创新的关系等，这种观点指出，创新是驱动经济增长的主要力量，其最终目的是获取经济利润。20世纪70年代以后，创新理论转向成果在经济社会活动中的应用，例如，弗里曼（Freeman）、厄特巴克（Utterback）、斯通曼（Stoneman）等重点关注创新的动机、影响因素和管理等问题。这种观点强调创新的过程与结果的重要性，强调对创新进行有效管理。随着工业创新实践的发展，学者们开始采用多学科视角研究创新，如将社会学、认知心理学的学科知识与创新研究相结合，例如，戴尔和辛格（Dyer and Singh，1998）将社会网络理论融入创新，强调组织广泛建立的社会联系对创新的重要性。

2.2.1.2 企业创新的类型

创新是一个多维度的现象，随着创新的内涵和外延的不断拓展，基于不同的研究视角和目的，学者们对创新进行了分类。按照创新的程度，分为渐进性创新和突破性创新。前者是指对现有技术进行渐进的、连续的创新，强调对现有产品和工艺的调整、改良和改造；后者是指有重大技术突破的创新，强调推出全新的产品和工艺。按照创新的对象，可以分为产品创新和工艺创新。前者是指对与产品相关的技术进行创新，包括推出新产品和改进旧产品。工艺创新又称过程创新，是指生产（服务）过程技术变革基础上的技术创新，包括采用全新的工艺和改进现有的工艺。根据创新过程的开放程度，分为封闭式创新和开放式创新。前者指主要依靠自己的力量、自己的资源进行创新，与外界几乎没有合作；后者指企业同时利用内部和外部相互补充的创新资源进行创新。

基于双元的视角，可划分为探索式和利用式创新。前者是指企业超越已有的知识和技术，运用新知识或技能，开发新市场，提供新产品和服务，满足潜在需求的创新活动；后者是指企业给予已有的技术与知识，改进现有产品的功能或服务，满足已有客户需求的创新活动。学者们将同步追求探索式创新和利用式创新的过程定位为双元创新。也有一些学者将双元创新划分为渐进性创新和突破性创新。例如，法姆等（Faems et al.，2005）研究了组织间合作对创新策略的有效性，他认为探索与突破性创新有关，利用与渐进性创新有关。这种划分方法不同于探索或利用的概念。探索式创新和利用式创新反映了组织对外部环境的适应性和资源配置的能力，应被视为创新过程；而突破性创新和渐进性创新则与事后的产出更相关。

在本书中，我们主要关注企业的技术创新，聚焦于企业在动态环境下如何利用联盟竞合及其治理改进现有产品和工艺，以及创造全新的产品和工艺，以满足市场的现有需求和潜在需求。因此，本书基于创新强度差异，将企业创新类型视为两个独立的变量，采用突破性创新和渐进性创新两个创新类别作为衡量企业创新能力的指标。其中，突破性创新是指随着新技术范式的出现而在技术上有重大突破的创新，是对公司现有能力的重大改变，一般表现为创造了新的行业、产品或市场。渐进性创新是指对产品和技术的微小改变和修改，是持续的、不断积累的局部或改良性创新活动，一般表现为现有技术和生产能力上的变化。

2.2.1.3　企业创新的前因研究

创新对绩效的重大推动作用促使学者们围绕影响创新的前因变量开展了丰富的研究。本书对其进行了系统归纳，主要包括组织因素、环境因素、管理因素和创新网络因素四个方面。

（1）组织因素。

组织因素主要包括组织特征、组织的资源和能力等。其中，组织特征中最常见的是企业规模和企业年龄。关于企业规模对创新的影响，目前学者们还未达成一致观点。一些学者认为规模较大的企业具备创新所需的资金和人员，因此比规模小的企业更能促进创新。而另一些学者则认为大企业受制于官僚化和组织惯性，不利于突破性创新的提升。如麦克德莫特和奥康纳（McDermott and O'Connor, 2002）研究表明，企业的规模和成熟度影响创新模式的选择，成熟的大企业更倾向于开展渐进性创新，因为开展突破性创新会遇到较大的阻力，而中小企业由于其灵活性则更倾向于开展突破性创新。还有一种观点认为企业规模与创新绩效之间并不是简单的线性关系，而是呈倒"U"型关系。

关于企业年龄与创新关系的研究可分为两类：一类认为企业年龄越大其研发投入将越小，阻碍了企业对新技术的吸收；另一类认为企业年龄越大，由于前期的经验和组织惯性，其越倾向于与现有知识密切相关的渐进性创新。资源基础理论认为拥有有价值的资源可以提升企业的竞争优势。关于企业资源与创新的关系主要聚焦于资源的内容和特征。如凯瑞卡普罗斯等（Kyriakopoulos et al., 2016）研究表明，关系资源能够促进突破性创新，而荣誉资源和市场知识资源都与突破性创新呈负相关。有价值的资源为提升创新绩效提供了基础，但还需通过企业能力将其转化为结果，关于企业能力与绩效关系的研究主要集中在吸收能力和动态能力两个方面。大多数学者认为吸收能力能从创新速度、频率、水平三个方面促进企业创新。而动态能力可以助力企业识别外部机会，获取外部知识和资源，提高在动态环境中的创新能力。

（2）环境因素。

孙永风和李垣（2007）通过研究环境变化对经济转型时期中国企业创新模式选择的影响指出，相比突破性创新，快速变化的环境使企业更倾向于开展渐进性创新活动，因为这类创新规模和风险较小，而且效果较快。但大部分学者的研究表明，环境的变化促使企业更多地开展以探索、创新为特征的突破性创新，以增强其应对环境动力的能力。如赫梅林纳 – 劳坎宁（Hurmelinna – Laukkanen，2008）认为高度动荡的环境容易使现有技术和知识过时，迫使企业去追求新的技术和利润来源，因此企业更倾向于选择突破性创新。科贝格等（Koberg et al.，2003）研究指出，突破性创新随着感知的环境活力增加而增加。

（3）管理因素。

现有对管理因素与创新关系的研究主要集中在战略类型、管理模式、组织文化、高管团队、制度等方面。如布拉姆等（Blome et al.，2013）研究了双元治理对创新和成本绩效的影响，结果发现，同时采用契约治理和关系治理的双元治理可以促进创新绩效的提升。奥康纳和德马蒂诺（O'Connor and DeMartino，2006）指出，组织管理系统会制约企业创新模式的选择，渐进性创新可以通过现有的管理模式推进，而突破性创新则需要企业建立新的管理系统。另外，高管团队的多样性、激励机制、风险承受程度等也与渐进性创新和突破性创新存在密切的关系。

（4）创新网络因素。

基于社会网络理论，创新网络本质上是企业之间的创新合作关系。现有研究认为创新网络的特征会影响企业的创新绩效。这些特征包括网络规模、网络密度、网络中心性、网络同质性、网络多样性等，如谢洪明等（2011）研究了企业网络密度、学习能力和技术创新之间的关系，结果显示，网络密度有助于企业学习能力的提升，也与技术创新正相关。曾萍等（2017）研究发现，企业外部网络的同质性与渐进性创新显著正相关，但与突破性创新的关系不显著。网络嵌入与创新网络特征的概念相类似，主要包括结构嵌入和关系嵌入。从网络嵌入视角研究网络特征与创新绩效的关系也获得了大量学者的关注，如通过对长三角地区 270 家企业的调查研究，张方华（2010）发现，企业通过其网络的关系型嵌入和结构型嵌入能够有效获取外部知识，进而提高创新绩效。任胜钢等（2011）基于关系嵌入中的关系强度和关系质量两个变量，结构嵌入中网络位置、网络规模和网络密度三个变量，探讨了它们及其互动对企业创新绩效的影响，结果显示，网络嵌入中的不同变量对创新绩效均具有正向影响。

2.2.1.4　企业创新研究述评

通过对企业创新的概念和理论发展、创新的类型以及创新的前因变量进行回顾和梳理，我们发现，现有文献关于企业创新概念和类型的研究已达成了一致，但在企业创新的前因研究方面还有进一步提升的空间，特别是在不同创新类型的驱动因素和平衡方面，基于不同的理论视角和研究情景，学者们得出了不同的研究结果。因此，还需要对不同创新类型的驱动因素和影响因素开展更深入的研究，探索更多的差异性情景和变量。

2.2.2　竞合战略相关研究

2.2.2.1　竞合战略形成动因

竞合战略的形成动因研究重点考察驱动企业间竞合战略形成和变化的原因或影响因素。已有学者从外部环境特征、企业特征、企业间关系特征和管理特征等方面对企业间竞合战略的形成进行了研究。例如，本特松和科克（Bengtsson and Kock，2000）通过深入考察企业网络中的竞合现象，提出竞合战略发展的重要决定因素是组织间资源的异质性及其依赖性，企业会根据自身的优劣势，在自己的强势业务领域进行竞争，而在薄弱的业务领域进行合作。沃利（Walley，2007）研究指出，企业选择合作或竞争的战略是受外部行业因素和企业内部因素共同作用的。行业因素包括行业密集度、行业管制程度等。内部因素包括资产占有性投资、资源所有权等。罗（Luo，2007）指出，行业的衰落或成熟加剧了竞争压力，进而促进了合作。

格尼亚瓦利和帕克（Gnyawali and Park，2009）基于产业、二元和企业三个层面的因素构建了一个多层次概念模型，以理解驱动高科技中小企业开展竞合的因素。其中，产业因素主要包括产品生命周期的缩短、技术的融合和研发成本的增加。二元因素包括合作伙伴技术一致性和合作伙伴目标一致性。作者指出，企业与特定竞争对手的合作决策取决于双方的技术能力、资源互补性、资源相似性等方面的技术一致性。目标一致性是指处于竞合战略中的企业相信他们能够从这种关系中获得竞争优势的程度，或者竞合的净收益超过成本。企业层面的因素包括勘探策略和可感知的脆弱性。作者提出，具有勘探策略的公司有强烈的学习动机与竞争对手建立合作关系，以提高其竞争能力。另外，行业环境的动态会对企业产生压力，而感受到的压力是驱动中小企业竞合的一个非常关键的因素。拉孔－乌拉等（Raza－Ullah et al.，2014）认为企业的相对规模会促使企业改进竞争地位或在资产、市场和业务方面的不对称，这些不对称会减弱合作伙伴之间的竞争紧张，从而引发合作。通过提出企业间价值创造的理论，戴尔和辛格（Dyer and Singh，1998）认为互补资源、特定关系资产、知识共享程序以及有效的治理是企业间关系租金的四个决定因素。

进一步，戴尔等（Dyer et al.，2018）确定了联盟内部和外部的一些因素，例如，互补资源的变化、非正式治理的变化、市场竞争和环境动态性，这些因素会降低联盟的价值创造，并加剧合作伙伴之间争夺价值的竞争，他强调，合作伙伴之间互补资源的相互依赖性是一个关键的状态变量，它决定了价值创造的模式。霍夫曼等（Hoffmann et al.，2018）从环境、组织、动机三个方面总结了竞合的前因因素，并指出未来可以通过研究管理者的文化差异、个性特征、价值观及社会关系来研究竞争和合作行为的根源。

综上所述，影响组织间竞合的原因主要包括环境特征、组织特征和动机三个方面的因素，由于组织的独特性和对外部环境反应的差别，特定竞合战略的驱动因素也存在差异。因此，要想深入了解合作和竞争的如何发生及演化，就必须考虑不同合作伙伴的性质和属性，相关的研究还有待进一步补充和完善。

2.2.2.2　竞合战略的作用结果

竞合战略的作用结果倾向于识别潜在的产出，通常与竞合的动机相呼应，如资源获取和汇集、成本分担和降低风险等，这些好处可以创造价值，最终提高公司的绩效。例如，罗等（Luo et al.，2006）研究发现组织内部跨职能部门竞合可以提高企业的客户和财务绩效。李林蔚（2016）研究指出，竞合能够促进知识获取，并刺激联盟企业进行知识创造。在竞合的结果研究中，竞合与创新绩效的关系是学者们近年来研究的重点和难点，也是本书关注的焦点，因此本书主要对竞合与创新绩效相关的研究进行梳理。

（1）竞合战略与创新绩效。

大量学者研究指出，竞合战略、行为、战略等均能提高创新绩效。如霍尔德和蒂斯（Jorde and Teece，1990）认为竞争对手之间的合作是创新企业在当今全球市场竞争的必要条件。金塔纳和贝拉斯科（Quintana - García and Benavides - Velasco，2004）运用实证研究验证了相比单独的合作或竞争战略，竞合战略可以提高企业技术和产品线的多样性，从而促进了创新绩效。帕克等（Park et al.，2014）研究指出，在创新过程中，合作有助于知识共享，竞争增加了创新的紧迫感，合作和竞争的平衡能够提升企业的创新绩效。索里亚诺等（Soriano et al.，2016）以西班牙的企业为调研对象，运用模糊集定性比较分析的方法研究发现，企业间竞合有利于提升创新程度。

但也有部分学者认为竞合与创新的关系并不总是正向的，它们指出竞合战略既是卓越绩效的来源，也可能是附加风险的来源。如尼托和圣玛丽亚（Nieto and Santamaria，2007）对西班牙制造企业进行了纵向研究，发现与竞争对手的合作对创新的新颖性有负面影响。博肯和弗里德里希（Bouncken and Fredrich，2012）研究指出，竞合在促进创新的同时也容易造成知识泄露，导致机会主义行为，这使创新的风险加大。萨努等（Sanou et al.，2016）研究指出，与对手合作会提高对手的竞争力，竞争对手可以获得新的知识、技能等，并且可以以牺牲合作对手为代价来增强自己的竞争攻击性。除了上述两种观点，另外一些研究认为竞合战略对创新绩效的影响是混合的，同时包含积极的和消极的影响。例如，罗等（Luo et al.，2007）发现企业与竞争对手结盟对创新绩效的影响呈"U"型关系。

（2）竞合战略对不同类型创新的影响。

关于竞合和不同创新类型的关系，现有研究也得出了不一致的结论。一些研究发现，企业与竞争对手的合作有助于提高突破性创新能力，甚至比渐进性创新更有益。但也有一些研究发现，竞合与突破性创新呈负相关或相关性较低。如里塔拉和赛尼奥（Ritala and Sainio，2014）研究了与竞争对手技术上的竞合对市场、技术和商业模式的突破式创新的影响，结果表明，竞合与技术的突破性创新负相关，但却正向影响技术的渐进性创新和商业模式的突破性创新，对市场突破性创新的影响不显著。通过分析企业间的四种竞合战略类型对渐进创新和突变创新的影响，孙道军（2011）得出了相似的结论：竞争主导型的竞合战略使企业更倾向于渐进创新，合作主导型的竞合战略使企业更倾向于突变创新。与此相反，金塔纳和贝拉斯科（Quintana-García and Benavides-Velasco，2004）的研究发现竞争对手间的合作比非竞争对手间的合作更加有利于突破式创新。奈恩斯等（Neyens et al.，2010）以初创企业为样本，研究发现与竞争对手的"持续战略联盟"对企业的突破性创新绩效有积极影响。类似地，博肯和弗里德里希（Bouncken and Fredrich，2012）运用德国 IT 行业的调研数据研究了竞合战略的前置因素对绩效的影响，结果发现，竞争对手间的合作能够打破固化思维，其对突破式创新的促进作用大于渐进式创新。同样采用德国 IT 业中小企业的数据，博肯和克劳斯（Bouncken and Kraus，2013）研究发现，竞合战略对突破式创新有激发作用，但对革命性创新有负面影响。博肯等（Bouncken et al.，2018）认为在竞合型新产品开发的不同阶段，竞合对创新能力的利益和风险存在差异。研究表明，竞合在新产品项目启动前和启动阶段均有利于渐进式创新，而只在启动阶段有利于突破性创新。

总的来看，大部分研究表明，竞合战略有利于获取互补的资源和能力、扩大市场、降低研发成本和分担风险，能为组织带来竞争优势；但同时我们也看到，也有不少研究指出了竞合战略中的创新困境，如潜在的冲突和矛盾、缺乏承诺、平衡的难度和复杂性、知识泄露的可能性及其他机会主义行为等问题。关于竞合与创新的关系以及竞合对不同创新类型的影响仍存在分歧和不一致的地方，还需要开展更深入的探索和研究。

2.2.2.3　竞合战略的管理

在创新的过程中，企业间的竞合战略使双方之间存在矛盾和紧张关系，而由于合作和竞争自身的矛盾性与冲突性，这种紧张关系不能完全消除，但紧张并不总是不好的，也不需要完全避免或消除，它是一种矛盾关系中不可避免的一部分，这种关系必须存在并达到适度的水平，以建立必要和充分的压力，从而促进合作的表现。如前文所述，竞合战略中的创新困境暗示了竞合战略与创新之间可能的边界条件，即企业管理竞争和合作之间的紧张关系的能力和策略的差异。由于竞争与合作的相互作用具有创造或破坏价值的潜力，因此必须确定边界条件，根据不同的情景有效管理竞合战略以促进有利的结果。

（1）竞合管理的结构策略。

基于竞合的悖论性质，学者们对竞合管理的结构策略主要持两种观点：分离和整合。其中，分离是指在时间、功能或空间上对合作和竞争的管理进行拆分，例如，在价值链的不同维度，企业可以与联盟伙伴在一个维度开展合作，而在另一个维度进行竞争。一体化原则强调了将竞争和协作视为同时存在的力量的重要性，以及采取更全面和一体化的机制的必要性进行竞争。整合观点认为竞争与合作的分离不符合竞合的本质，它指出将竞争和合作视为共存的力量，强调采取更全面和一体化机制的必要性。费尔南德斯等（Fernandez et al. ，2014）认为分离原则和整合原则是对立的，但也显示出互补的性质，他通过案例分析发现成功的竞合管理是分离与整合的结合。勒罗伊和费尔南德斯（Le Roy and Fernandez, 2015）也指出，仅采用分离与整合原则是不够的，分离原则用于组织级别，而整合原则用于个人级别，但同时实施这些原则并不足以管理工作团队层面的竞合紧张。

值得注意的是，工业营销管理（Industrial Marketing Management）在 2016 年出版了竞合管理专刊，探讨了如何管理竞合以实现战略的成功这一关键问题。其中，佩莱格林 - 鲍彻等（Pellegrin - Boucher et al., 2016）对法国主要银行机构进行了深入研究，揭示了正式和非正式管理如何帮助个人应对竞合的紧张局势，他通过审查缓解竞合紧张的实践，发展了悖论整合的思路。斯特雷泽等（Strese et al., 2016）研究了领导风格和管理结构对部门间竞合的影响，结果发现，形式化和集中化对跨职能竞合有相反的影响。埃斯特拉达等（Estrada et al., 2016）通过单案例研究发现，在有效的知识共享和知识保护机制作用下，竞合才会对创新产生积极影响。另外，格纳瓦利等（Gnyawali et al., 2016）、本特松等（Bengtsson et al., 2016）强调了竞合能力能够缓解紧张关系，在竞合管理中发挥着重要的作用。

关于分离和整合观点的争论还在继续。勒罗伊和查孔（Le Roy and Czakon, 2016）指出，分离观点认为紧张是不利的和有害的，应该避免或消除，但即使在单位之间、部门之间、层级之间没有了合作和竞争，高层管理者仍然需要在更高的层级上整合和协调他们的矛盾需求。与此相反，整合策略需要解决悖论的两个矛盾性质，然而，整合的策略很可能会增加紧张的程度，因为两个对立的关系在并列时矛盾会变得更加突出。而且整合的方法要求管理者发展出高水平的"矛盾认知"，对管理者处理情绪不稳定性和矛盾情绪的能力提出了很高的要求。因此，这两种观点都存在局限性和适用情景，关于竞合管理的问题还需要进一步地审视。

（2）竞合的治理。

鉴于结构性策略和整合策略的局限性，也有学者采取治理的视角研究竞合战略的管理，治理的关键是设计一套正式或非正式的利益协调机制，使焦点企业与竞合参与方之间的责、权、利达到平衡，从而有效实现创新目标。目前，学者们围绕如何进行竞合战略的治理开展了一些研究。例如，戴尔等（Dyer et al.，2018）指出，合适的治理机制可以增加价值创造，治理的变化最终将影响合作和竞争的变化。周杰（2018）提出，创新是对竞合战略进行治理的过程，有效设计治理机制将有助于达成创新目标。合适的治理机制可以降低竞合创新的风险，防范机会主义行为，更好地协调创新活动和有效地配置资源，保证合作伙伴间的价值创造和价值分配。

博肯等（Bouncken et al.，2016）考察了企业如何通过联盟治理来提高垂直竞合联盟中的产品创新，结果表明，随着垂直联盟中竞合强度的不断提高，关系治理的单独使用能够提高产品创新性，而交易治理的单独使用却减少了产品创新性，同时采用关系治理和交易治理提高了产品创新性。阿斯加里等（Asgari et al.，2018）研究了竞争过度会导致联盟关系终止，从四个方面分析了联盟间竞争与合作关系治理，提出了包括联盟治理等四种机制来缓解竞争威胁，以提高联盟创新绩效。陈雨田（2012）对价值网络中不同竞合战略及其治理进行了研究，结果表明，由于横向竞合战略和纵向竞合战略的性质不同，其采取的治理模式也存在差异。针对主体组织的战略和效用目标，两种竞合战略中采取的治理模式也有所不同。由此可见，治理机制是竞合管理的重要手段。

（3）竞合能力相关研究。

格纳瓦利等（Gnyawali et al.，2012）呼吁对竞合的管理开展实证和专题研究，但目前仍然缺乏对管理竞合紧张关系所需能力的严谨研究，有关竞合能力的内涵、维度及其对创新绩效的影响机理还需要深入的探索。目前文献主要从联盟管理能力和网络能力这两个视角来研究如何管理竞合战略，虽然联盟管理能力在管理企业间整体关系中很重要，但竞合战略因其矛盾二元性的本质而具有独有的特征，它涉及管理矛盾的需求，处理紧张的关系。因此，不能简单地将竞合能力与联盟管理能力等同。

霍夫曼等（Hoffmann et al.，2018）强调，竞合能力与联盟管理能力有很大的不同，需要进一步对竞合能力的要素及其对绩效的影响开展深入的研究。虽然围绕这一问题的研究才刚刚开始，但已有学者的研究却带来了启发性的结论，给后续研究指明了方向。如基于索尼和三星合作的案例研究，格纳瓦利和帕克（Gnyawali and Park，2011）提出了管理这种矛盾关系的三个关键能力，包括竞合思维、竞合心态和竞合经验。竞合思维能够帮助企业更平衡地发展竞合战略，竞合心态和竞合经验能够帮助企业处理冲突和紧张。类似地，格纳瓦利等（Gnyawali et al.，2012）提出了管理合作竞争和由此产生的紧张关系的分析和执行能力。前者指的是对矛盾情况有清晰而准确的理解能力，使管理者明白为什么同时合作和竞争是有利的。后者指的是企业针对竞合战略所发展、实施和利用的日常流程。

根据双元理论，费尔南德斯等（Fernandez et al.，2014）、拉孔－乌拉和本特松（Raza–Ullah and Bengtsson，2013）提出，管理竞合紧张关系时需要双元的技能，以帮助管理者处理矛盾，完成多重和冲突的角色和任务。基于以上研究，本特松等（Bengtsson et al.，2016）探讨了合作竞争悖论对管理者经验和感知的紧张关系的影响，并考察了竞合能力在管理这种紧张关系中的作用。他指出，竞合能力是企业高层管理者必须具备的能力，并以双元理论、竞合和悖论理论为基础，将竞合能力定义为矛盾地思考和实施过程的能力，前者指对竞合矛盾需求的理解、适应和回应，包括竞合思维、竞合经验、分析能力和在有效运作的同时保持对矛盾认知的复杂性的能力。后者是指过程、惯例和竞合文化的发展，它使管理者以动态的方式配置活动以保持适度的紧张，从而迅速满足关系中不断变化的需求。在此基础上，本特松等（Bengtsson et al.，2016）首次提出了竞合能力的测量量表并通过了实证分析。结果显示，较高的竞合能力有助于企业保持适度的外部紧张，而且竞合能力还能够减少企业内部紧张。

进一步，基于社会心理学和认知理论，本特松在其 2020 年最新的文章中，从高管多样性的视角探讨了竞合能力来源的问题。笔者认为，高管多样性包括两个不同的属性：表层属性和深层属性，基于表层属性的高管多样性对竞合能力有负向影响，而基于深层属性的高管多样性对竞合能力有正向影响，并通过 315 家瑞典公司的数据验证了相关假设。

综上所述，管理人员仍然需要特定的能力来管理由此产生的紧张关系，使企业能够整合矛盾，保持适当的紧张。鉴于此，本书借鉴本特松等（Bengtsson et al.，2016，2020）的研究，根据适度的紧张关系有利于竞合的观点，将竞合能力定义为在不考虑紧张强度的情况下，矛盾地思考和启动过程的能力，这种能力有助于企业保持和维度适度的紧张程度。

2.2.2.4 竞合研究述评

本章节回顾了竞合战略的驱动因素、作用结果和管理机制，发现学者们对于竞合战略的驱动因素研究已趋于一致，但在不同类型竞合战略的驱动因素差异方面还存在不足。在竞合与创新的关系方面，虽然现有研究成果丰富，但针对不同竞合战略与不同类型创新的研究还未达成一致，特别是在竞合战略与企业创新的作用机制方面，现有研究集中在两者之间的直接关系，对其内在机理挖掘不够。另外，作为重要的研究课题，关于竞合战略的管理研究亟待丰富，还需要结合创新目标深入探讨更多有效的管理模式和方法。上述问题还需要进行更多的探索和研究。

2.2.3 资源整合相关研究

2.2.3.1 资源整合的概念与维度

资源基础理论将资源看作是企业绩效和竞争力的主要来源。1984年，维尔纳费尔特（Wernerfelt）首先从企业资源的角度研究竞争优势，他提出竞争优势的核心是拥有独一无二的和不可模仿的稀缺资源。但资源本身并不能产生竞争优势，企业需要对不同类型的资源进行有效整合以提升动态能力。资源整合是指企业对不同来源、不同层次、不同结构、不同内容的资源进行识别与选择、汲取与配置、激活和有机融合，使之具较强的柔性、条理性、系统性和价值性，并对原有的资源体系进行重构，摒弃无价值的资源，以形成新的核心资源体系的复杂的动态过程。阿米特和舍梅克尔（Amit and Schoemakerl，1993）将资源整合过程划分为三大环节：资源识别与选择、资源获取、资源开发及融合。艾森哈特和马丁（Eisenhardt and Martin，2000）提出资源整合包括资源获取、资源优化、资源配置和转让资源四个方面，她认为资源整合能力是一种动态能力。西蒙和希特（Sirmon and Hitt，2007）通过对资源管理过程进行系统分析，提出了资源整合是资源配置、创造价值的过程，并构建了资源管理模型，包括构建资源组合、捆绑资源以构建能力、利用能力为客户提供价值三个部分。

围绕资源整合的内涵与维度，我国学者也进行了大量的研究，例如，饶扬德（2006）认为资源整合能力是企业对资源进行识别与选取、汲取与配置以及激活与融合的能力。董保宝等（2011）指出，企业的资源整合包含两大过程：资源识取和资源的配用。其中，前者主要面向企业外部，识别和获取资源，而后者主要面向企业内部，配置和使用资源。

综上所述，虽然不同学者对资源整合的定义在过程的数量和名称上稍有不同，但基本含义是一致的，总体来讲可分为三种。第一种观点指出企业参与联盟是为了获取外部资源的使用权，强调企业对外部资源的整合；第二种观点基于企业内部资源管理的角度，强调对内部资源的整合；第三种观点则把前两种观点相结合，强调企业应根据自身需要，同时对外部和内部的资源进行整合。本书强调资源编排视角下企业通过联盟竞合对资源进行的动态整合，这一过程包含了企业的内外部资源。因此本书采取第三种观点，即认为资源整合是企业有效获取外部资源并与内部资源进行有机整合以构建有价值的资源体系。

2.2.3.2　竞合战略对资源整合的影响

有价值、稀缺和难以模仿的资源是企业竞争优势的来源，这些资源可能存在于企业的外部或内部。在不确定的环境下，企业需要不停地积累和更新资源，并通过一定的资源管理过程对资源进行整合才能提升其资源的价值。因此，利用好竞合战略带来的资源非常关键。本书认为，基于关系观和组织学习理论，竞合战略对于资源整合的价值主要包括：为企业补充资源及通过交流促进组织学习这两个方面。

（1）补充资源。

组织间协作对于获取实现更新和创新等战略目标所需的外部资源已经变得不可或缺，企业与外部合作伙伴形成的竞合战略能够为企业带来互补或相似的资源，从而提升能力。从社会网络的视角看，资源是嵌入在网络中的，企业的资源交换与整合和其外部网络紧密相关，因此企业需要构建合理的网络关系，通过与网络参与成员的互动来整合网络中的资源以创造新的价值。根据关系观，企业可以通过将网络资源与内部资源相结合产生协同效应。除增加可用资源组合的范围外，焦点公司还享有根据需要吸引网络资源的灵活性，同时在保障关系的情况不追加投资。例如，拉维（Lavie，2007）考虑联盟间的相互依存关系，探讨了联盟组合中网络资源的价值创造和价值挪用机制。研究结果显示，网络资源对创造价值的贡献因这些资源的互补性而异。企业市场价值的提升与市场营销和金融网络资源的可用性以及联盟组合中合作伙伴的突出程度有关，但与技术和人力网络资源的可用性无关。当联盟组合中的合作伙伴比焦点公司更有利可图，还能获得更多的联盟时，公司的市场价值就会下降。国内学者邓渝和黄小凤（2017）探讨了联盟组合伙伴竞争对资源整合和突破性创新的影响，他们指出，联盟组合中低程度和高程度的竞争不利于资源整合和突破性创新，而中等程度的竞争使焦点企业有机会也有能力将联盟伙伴竞争关系控制在"君子之争"的良性范围内，以此增强资源整合的有效性，并实现突破性创新。

（2）促进组织学习。

在动态环境下，企业的竞争环境极大地影响着资源的价值性，企业想要获得持续的竞争优势，必须根据外部环境的变化不断调整资源管理过程，以使企业与外部环境同步，在这一过程中，企业需要具备较强的组织学习能力。一方面，作为一个不断尝试、试错和实验的过程，资源整合本身就需要不断反思和积累知识，进而促进企业不断学习；另一方面，企业通过竞合战略获取的网络资源可以促进外部知识和新技能的积累，在具备资源基础后，激励企业更加主动地学习新知识和技能，并通过提炼和总结资源整合实践方面的知识和经验将其应用于本企业，助力企业提高创新能力。例如，葛宝山和王浩宇（2017）研究了资源整合对创业学习和创新绩效的影响，结果显示，资源整合可以促进新创企业的创业学习，创业学习在资源整合与创新中发挥着完全中介的作用。

2.2.3.3　资源整合的研究述评

综上所述，目前大多数研究都将资源整合看作一个过程，强调了资源整合对于企业资源管理的重要性。基于不同的研究视角，学者们探讨了资源整合的作用机理、资源整合与动态能力的关系等，这些研究大都以创业企业为研究情景，但在构建联盟的过程中，其他企业特别是高新技术企业也急需进行有效的资源整合。因此，我们还需结合更多的视角对资源整合开展更丰富的探索。进一步来看，鲜有研究关注资源整合的前因或驱动因素，结合不同的研究情景，哪些因素促进或阻碍了资源整合？动态环境如何影响资源整合的有效性？这些都还有待进一步的完善。

2.3　本 章 小 结

根据本书的研究主题，本章主要对竞合理论和动态关系观进行了阐述，对企业创新、竞合战略和资源整合的相关研究进行了系统的梳理和回顾。

（1）详细介绍了本书的理论基础。本章对竞合理论、动态关系观理论和资源编排理论的起源和发展、内涵以及理论框架进行了阐述，并对理论的研究现状进行了述评，总结了竞合理论在竞合战略的类型、管理，以及竞合战略的创新困境方面的不足；动态关系观在不同竞合战略管理、动态环境下竞合战略及其管理方面的研究空间，以及资源编排理论视角下联盟竞合促进资源管理的进一步探索等，为未来的研究指明了方向。

（2）梳理了企业创新的相关研究，主要包括企业创新的概念和理论发展、企业创新的类型，并从组织因素、环境因素、管理因素和创新网络四个方面介绍了企业创新的前因研究。最后进行了研究述评，提出还需要探索更多不同创新类型的驱动因素和影响因素。

（3）回顾和总结了竞合的相关研究。主要包括三项内容：竞合战略的驱动因素、作用结果及竞合战略的管理，并详细介绍了竞合战略的结构策略、竞合的治理和竞合能力方面的相关文献。最后提出在竞合的驱动因素、作用机制及管理方面还有待进一步探索。

（4）整理了资源整合的相关研究。主要包括两个部分：一是资源整合的概念与维度；二是竞合战略对资源整合的影响，包括为企业补充资源及通过交流促进组织学习两个方面。最后纵观现有文献，提出还需要结合不同的研究情景和视角开展资源整合的前因或驱动因素研究。

第 3 章

不同竞合战略的比较研究

通过第 2 章对竞合理论、动态关系观理论和资源编排理论的详细阐述，以及对企业创新、竞合和资源整合等相关研究的梳理，本书发现了现有理论和实证研究的不足和空白，并将围绕这些不足开展研究。本章首先通过对区分不同竞合战略、区分不同创新能力和治理机制的有效性进行深入剖析，其次介绍本书的切入点，进而构建本书的理论总模型，并对第一个子研究进行深刻地分析，为后面三个子研究奠定理论分析框架。

3.1　本书竞合战略研究的切入点

如前文所述，针对竞合战略的创新困境，学者们已经开始从权变的视角研究竞合战略对企业创新的具体影响。为解决竞合中的紧张关系，基于已有的研究，本书将从区分不同竞合战略、区分不同创新能力及治理机制的有效性三个方面切入。

3.1.1　区分不同的竞合战略

3.1.1.1　竞合战略划分依据

霍夫曼等（Hoffmann et al.，2018）指出，已有研究大多将合作和竞争独立开来进行研究，为了更好地理解竞合，需要深入了解竞争与合作相互作用的本质，如同中国传统的阴阳观，竞合强调合作和竞争对立统一。本特松和科克（Bengtsson and Kock，2000）早期将合作和竞争的关系描述为此消彼长的关系，根据合作和竞争的强弱程度差异，他们认为竞合表现为三种形式：合作主导、竞争主导和对等关系。这种观点在很大程度上将合作和竞争视为相互对立的关系，从一维的视角将它们看作两个极端，忽视了合作和竞争相互联系、共同发挥作用的本质。后期霍夫曼对此视角进行了重新的思考与改进，与其他学者一致，同时从合作和竞争的二维视角来探讨竞合战略。例如，罗（Luo，2007）将跨国公司与其主要竞争对手之间的竞合战略划分为配合型（高合作高竞争）、伙伴型（高合作低竞争）、争斗型（低合作高竞争）、孤立型（低合作低竞争）四种。帕克等（Park et al.，2014）将联盟组合中的竞合划分为四种，包括强竞合平衡（高合作高竞争）、合作为主（合作高于竞争）、竞争为主（竞争高于合作）和弱竞合平衡（低竞争低合作）。任新建（2006）以合作和竞争的强度作为划分标准，构建了竞合的二维框架，表现为：强竞争强合作、强竞争弱合作、弱竞争强合作和弱竞争弱合作。同样地，吴菲菲等（2019）根据主体间市场相似性和资源依赖性两个维度，将技术标准主体间的竞合强度也划分上述为四种类型。总体而言，有关竞合战略的分类大部分学者一致认为应该采用二维的视角，这为本书竞合战略的划分奠定了基础。

3.1.1.2　竞合战略分析框架

根据波特的"五力模型"，同行企业、供应商、客户都是企业的潜在竞争对手。从理论上讲，企业竞合的参与主体包括所有与企业发生活动关系的组织。例如，林和范德文（Ring and Van De Ven，1992）指出竞合战略既包括企业与供应商、客户的上下游关系，也包括企业与竞争对手或同行业企业的横向关系。奥弗尔（Afuah，2000）指出，企业的竞合者包括客户、供应商和互补者等。霍夫曼等（Hoffmann et al.，2018）也指出，竞合的价值取决于合作和竞争相互作用的性质及所涉公司之间的关系，它既发生在横向联盟中，也可能出现在买家和供应商之间的纵向联盟中。

纵观现有文献，学者们对竞合战略的研究也通常从这两个维度展开。例如，博肯等（Bouncken et al.，2016）探讨了企业在垂直竞合联盟的产品创新。里塔拉和哈莫利纳 - 劳卡宁（Ritala and Hurmelinna - Laukkanen，2013）从知识分享和保护的视角研究了企业如何从与竞争对手的创新合作中获益。葛泽慧（2007）将企业的竞合类型划分为横向协议竞合、纵向协议竞合、非协议竞合和更松散的竞合四种，以博弈论为基础对研发协作和供应链管理领域内的企业间竞合现象进行了定量分析。陈雨田（2012）基于资源基础理论、博弈论、社会交换和交易成本等理论对价值网络中不同竞合战略及其治理进行了研究，结果表明，在形成动机、目标、价值创造和分割互动等方面，横向竞合战略和纵向竞合战略都存在差异，因此需要与之相对应的治理模式以获取治理绩效。

可以看到，除了少量的研究，现有研究大都将横向竞合和纵向竞合分开进行考察，对比与竞争对手的合作和与非竞争对手合作，企业价值创造和价值占有的逻辑的显著特征分别是什么，目前尚不清楚，澄清这一点将有助于更好地理解作为创新伙伴的不同类型的利益相关者之间的差异。因此，本书认为，将两类竞合战略置于同一研究框架更有助于比较它们的异同，从细颗粒度的维度为关于竞合战略与创新的文献提供富有洞见的理论视角。

基于此，本书借鉴林和范德文（Ring and Van De Ven，1992）、布兰德伯格和纳尔波夫（Brandenburger and Nalebuff，1995）、任新建（2006）、霍夫曼等（Hoffmann et al.，2018）的研究，关注三类关键的竞合主体：客户、供应商和竞争对手。其中，供应商是指为焦点企业及其竞争对手供应各种生产要素的企业或组织。客户是指通过购买企业的产品或服务满足其某种需求的企业或组织。竞争对手是指在某一行业或领域内，与焦点企业生产相似的产品或服务的企业或组织。针对不同的合作伙伴类型，企业分别表现出不同程度的竞争和合作行为。而且企业与某一特定合作伙伴的竞合战略充满了动态性，他们可能在研发时合作，在占领市场时竞争，本书认为，这主要取决于双方的资源相似性、资源互补性、市场重叠度和机会主义行为等关键因素的影响。当企业与合作伙伴之间资源互补、市场部分重叠、合作程度高、竞争强度低时，可以促进创新。但是，资源过度相似和过多的市场重叠则会导致竞争强度高、合作程度低，这可能会降低双方之间的联盟绩效。因此，不同合作伙伴自身的性质导致了上述因素的不同，进而导致焦点企业与不同合作伙伴类型之间合作和竞争的强度差异。

本书借鉴林和范德文（Ring and Van De Ven，1992）、陈雨田（2012）、霍夫曼等（Hoffmann et al.，2018）的研究将联盟组合中的竞合战略划分为横向竞合和纵向竞合。其中，横向竞合是指焦点企业与竞争对手之间的竞合行为，它是焦点企业基于长期战略考虑而建立的短期功能性伙伴关系，本质上是基于竞争的竞合战略；纵向竞合是指焦点企业与客户、供应商之间的竞合行为，它是焦点企业基于长期战略考虑建立的战略伙伴关系，本质上是基于合作的竞合战略。

进一步来看，霍夫曼等（Hoffmann et al.，2018）强调，竞争与合作有多种表现形式，有的显而易见，有的则隐藏其中，在开展竞合研究时，需要注意到合作与竞争的不同显性或隐性形式，它们代表不同的含义。鉴于本书主要聚焦竞合战略的治理，而治理问题与竞争的性质密切相关，因此本书重点关注竞争的显性和隐性的表现形式，并认为这些隐性的竞争不容忽视。

3.1.2 区分不同的创新能力

根据创新的不同维度，可以将其划分不同的类型。基于竞合战略的创新困境，学者们提出由于不同创新的性质不同，因此在研究竞合与创新的关系时应考虑不同的创新类型。目前已有研究主要基于创新的程度考察了竞合战略对创新的影响。例如，里塔拉和哈莫利纳－劳卡宁（Ritala and Hurmelinna－Laukkanen，2013）研究了企业与竞争对手的协同创新，强调了潜在吸收能力和占有性制度对渐进性创新和激进性创新的影响。邓渝和黄小凤（2017）考察了联盟组合伙伴竞争对企业资源整合和突破性创新的影响。里塔拉和哈莫利纳－劳卡宁（Ritala and Sainio，2014）探讨了与竞争对手技术上的竞合对市场、技术和商业模式的突破式创新的影响。孙道军（2011）分析了企业间的四种竞合战略对渐进创新和突变创新的影响。可以看到，现有研究大都关注于不同竞合战略和不同创新能力中的某一种组合，而且在竞合对不同类型创新的影响方面仍未达成一致（详细参见第2.2.2.2章节，此处不再赘述），除少量文献外，很少有实证研究同时将不同竞合战略和不同创新能力纳入一个研究框架。基于此，本书通过更细致地划分竞合战略和创新类型，将横向竞合、纵向竞合和渐进性创新、突破性创新置于一个理论框架，深入考察不同竞合战略对不同创新能力的影响，以期为竞合战略的创新困境提供更全面系统的认识。

3.1.3　治理机制的有效性

如前文所述，契约治理和关系治理都有助于减少机会主义和改善合作关系。虽然企业可以运用治理机制来减轻竞合中的紧张关系，降低机会主义风险，但如何选择适宜的治理机制，特定情况下哪种治理机制更有效？目前的文献还缺乏研究。现有关于治理机制有效性的代表文献主要包括：利乌等（Liu et al.，2009）从制造商和分销商的渠道合作关系入手，探讨了契约机制与关系机制在新兴经济体中阻碍机会主义与改善关系绩效的不同角色，他们的研究发现，契约机制在抑制机会主义方面更有效，而关系机制在改善关系绩效方面更有力。通过考察德国电信行业的治理选择和联盟的后续表现，霍特克和梅勒维格特（Hoetker and Mellewigt，2009）研究发现，不同的资产类型需要匹配不同的治理机制。基于物质的资产适宜契约治理，基于知识的资产适宜关系治理。阿兰斯和德阿罗亚贝（Arranz and de Arroyabe，2012）探讨了正式契约、关系规范和信任治理机制对探索应用联合研发项目绩效的影响。笔者分析认为，契约与关系规范和信任是互补机制，但契约在应用项目中更有效，而关系规范和信任在提高探索项目绩效中更有力。这些研究丰富了治理机制有效性的文献，但最佳治理机制的选择高度依赖于特定的情景，结合不同的竞合情景，两种治理机制的有效性有何差别？

如前文所述，关系观认为非正式保障措施更有利于企业减少交易成本，促进知识共享。进一步地，从动态的角度看，当合作伙伴之间依赖程度高时，信任和沟通互动可以很自然地发展，此时非正式的治理是主要的治理机制，但当非正式的治理导致关系惰性时，有时会被证明是一种不利因素。关系惯性会导致合作伙伴之间的自满和市场纪律的丧失，从而导致适应性的丧失。因此，结合不同的创新目标，横向竞合和纵向竞合中哪种治理机制更有效，还有待进一步的探索和验证。

综上所述，围绕"企业如何构建竞合战略并选择治理机制以提升创新能力?"这一关键问题，本书将从不同竞合战略、不同创新能力和治理机制有效性三个方面切入，通过划分四个子研究，循序渐进地解答四个逻辑紧密相关的子问题，如图 3.1 所示。

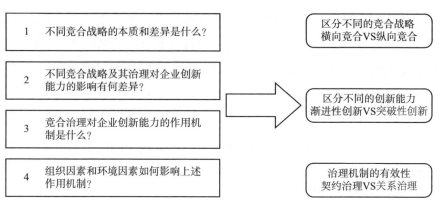

图 3.1　本书研究问题与切入点

3.2　理论总模型构建

如前文所述，由于合作和竞争的二元性，竞合战略中存在矛盾的活动和需求，这种悖论导致了关系紧张，而这种紧张本质上不能完全消除，只能进行有效管理以达到平衡。现有研究采取结构和整合策略管理竞合战略的方法都有其自身的局限性，需要采取新的视角探讨竞合战略的管理及其边界条件。另外，根据已有的不同合作伙伴和创新能力之间关系的实证研究，竞争对手与非竞争对手在创新方面存在差异，针对不同的合作伙伴类型，企业分别表现出不同程度的竞争和合作行为，但这些区别并没有完全反映出来。进一步来看，竞合战略存在情境依赖性，调节变量在其中发挥关键的作用，因此，还需要对竞合战略与创新能力之间的作用情景、机理及中间过程展开深入的探索。

动态关系观为深入分析影响合作和竞争相互作用变化的因素提供了理论依据。根据这一理论框架，当合作伙伴之间具有互补资源以及采用有效治理时，企业将更有可能从其合作创新中获益。但动态关系观在竞合战略的管理及其边界条件方面还存在不足。因此，本书将基于动态关系观的关键要素和主要观点，结合竞合理论，对不同竞合战略中合作和竞争的相互作用及其治理进行研究，提出需要根据合作和竞争的强度差异选择治理机制的观点，以补充动态关系观的理论研究范围，帮助焦点企业认识和管理竞合战略，确保价值创造和价值分配过程的顺利实现。

进一步来看，在动态的环境下，企业通过联盟对资源进行动态管理的过程成为企业提升创新能力的一个关键作用机制。资源编排理论为理解这种机制提供了很好的理论依据。它从过程与动态的维度解析了企业如何通过对资源组合的构建、整合与利用来形成竞争优势，为探究企业如何通过竞合战略提高创新能力提供了有洞见的研究视角。鉴于此，本书认为企业通过联盟竞合丰富了动态情境下的资源获取，且通过设计适宜的治理机制，促进了企业的资源整合，进而能够促进企业创新。通过整合资源编排框架中的两个关键因素：资源整合和治理，考察不同竞合战略中资源整合机制的作用，以期打开从资源到价值创造这一过程的黑箱。

综上所述，本书将在"结构—行为—绩效"的框架下，基于"竞合治理"这条主线，以竞合理论、动态关系观理论和资源编排理论为理论基础，深入探讨不同竞合战略及其治理、资源整合和企业创新能力之间的相互作用关系。本书的理论总模型如图3.2所示。

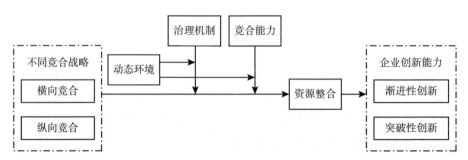

图3.2　本书的理论总模型

如图3.2所示，本书的理论总模型共四个，以对应如下四个研究问题。

（1）子研究一以竞合视角审视联盟组合，根据合作意图和竞争强度，将联盟组合中的竞合战略划分为横向竞合和纵向竞合，并对比分析了这两种竞合战略在影响因素方面的差异，包括资源相似性、资源互补性、市场重叠度和机会主义风险等，为随后的三个子研究奠定理论分析框架。

（2）子研究二在子研究一的基础上以动态关系观为理论框架，主要探讨了在合作和竞争强弱、创新程度高低的情景下如何开展联盟治理机制的选择，提出了不同竞合战略及其治理影响企业创新能力的概念模型和相关假设，并通过313家企业的问卷调查，综合运用探索性因子分析、验证性因子分析、回归分析等方法进行实证研究。

（3）子研究三在子研究二的基础上基于资源编排视角下的资源整合，聚焦资源编排框架的两个关键要素——资源整合和治理，提出"竞合战略—治理机制—资源整合—创新能力"的概念模型和相关假设，并运用实证研究对资源整合在不同竞合战略治理与企业创新能力之间的中介效应进行检验。

（4）子研究四将在子研究三的基础上，从权变的视角出发，探讨了两层权变关系，首先引入竞合战略管理的关键能力变量——竞合能力，探讨不同竞合战略中竞合能力对资源整合的影响；其次引入外部环境的重要特征变量——动态环境，考察不同动态环境特征下竞合治理和竞合能力对资源整合的影响机制，并通过回归分析等方法对调节效应进行检验，识别竞合战略管理的边界条件。

3.3　不同竞合战略中合作与竞争分析

本章节将围绕第一个研究问题展开讨论，即不同竞合战略的本质和差异是什么？通过对比两种竞合战略的驱动因素和影响因素，以及合作和竞争主要形式，明确它们的本质区别。

3.3.1　横向竞合中的合作与竞争分析

企业与竞争对手的竞合动机主要源于资源相似性、资源互补性、市场重叠度和机会主义行为的相互作用。从关系观的角度看，企业想要建立竞争优势，就需要不断从组织外部获取资源和技能等关系租金；想要构建合作优势，就需要利用合作机会以获得所需的资源。如果企业致力于同时获取合作和竞争这两个方面的优势，就需要同时采用这两种行为，如图 3.3 所示。一方面，从合作的角度看，企业与竞争对手企业处于同一行业，他们拥有相似的资源，提供相似的产品，因此，通过获取对方的互补研发能力和专业技术，企业与竞争对手合作共同开发新产品以扩大市场，并分担研发成本，从而创造更多的共同利益。而且，相互竞争的企业通过结盟建立行业标准也非常常见，特别是在大企业之间。例如，华为、三星和高通合作建立视频编码标准，通过构建统一的规则保持手机市场的稳定性，同时也对潜在进入者的进入设置了壁垒。进一步来看，企业与竞争对手可以通过合作获得规模经济，争取更多的社会资源，促进行业发展，以共同抵抗其他竞争压力。需要强调的是，在合作过程中，企业还可以向对方学习，获取显性和隐性的技术和知识，从而增强自身的竞争优势。

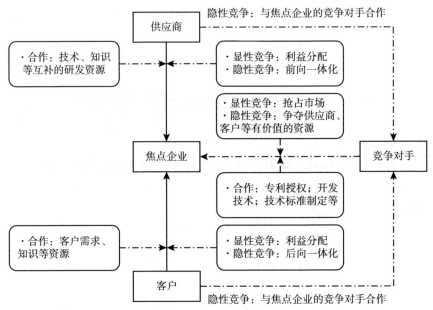

图 3.3　研发联盟中横向竞合和纵向竞合中的合作与竞争

另一方面，从竞争的角度看，产品市场的重叠和资源的相似性使企业与竞争对手在市场的有限性和短期资源上存在竞争的可能性，共同的目标驱使他们在争夺市场时采取同质的竞争行为。这种竞争是显性的、明确的，它可以激发企业的创新活力，打破固有的思维，但同时也容易引发机会主义风险，这是由双方互为竞争对手的性质所导致的，因此根据矛盾观和悖论观，它不可能完全消除，但可以进行有效管理。

进一步来看，除了直接的竞争外，市场的重叠也驱使焦点企业与竞争对手在获取供应商、客户、稀缺资源等方面进行隐性竞争。例如，阿斯加里等（Asgari et al.，2018）指出，拥有资源的公司对焦点企业具有较强的吸引力，但同时它也是竞争者的理想合作伙伴。如果焦点企业的合作伙伴与其竞争对手合作，那么就有可能导致焦点企业与合作伙伴的联盟终止。虽然拥有相似的资源并不一定引发明确的竞争，但这类公司很可能成为焦点企业实际的或潜在的竞争对手。根据已有研究，潜在竞争对手（低市场重叠度和高资源相似性）最终可能比直接竞争对手更具威胁性。本书将这类竞争行为称为隐性竞争，这种竞争表面上风平浪静，但却暗藏着机会主义风险。企业是逐利的，当出现有利可图的机会时，它可以促使管理者决定改变合作策略，采取竞争行为。因此，横向竞合中适度的合作竞争将有助于企业从竞合战略中创造和获取价值，但当合作方更多地关注私人利益而引发机会主义行为时，横向竞合创造的价值就会减少。

3.3.2　纵向竞合中的合作与竞争分析

在现实中有近 1/3 的研发合作是在具有纵向关系的企业之间展开的。企业与供应商、客户的合作往往建立在相互作用的共同利益上，其竞合动机主要源于资源互补性和机会主义行为。一方面，从合作的角度看，企业与供应商、客户的关系属于供应链体系的一部分，与供应商、客户的合作可以降低企业的交易成本。为满足客户的多样化需求，企业需要提升产品或服务的质量，并研发新产品。而供应商依靠其专业的技术和知识，可以协助企业开发零部件并控制其质量，缩短产品开发周期，从而帮助企业提高客户的满意度。需要强调的是，企业可以通过加强与供应商和客户的合作，形成长期互惠关系，打造利益共同体，以更有效地应对其他企业的竞争。另外，这种强有力的合作关系能够使合作双方形成专用性关系资产，从而使双方建立长期关系的承诺和信任，有助于双方获得优惠价格、质量保证和良好的售后服务。

另一方面，纵向竞合中也存在竞争行为，这种行为主要围绕在经济交换过程中对共同创造价值的争夺。例如，古拉蒂等（Gulati et al.，2005）指出，买家和供应商在合作的同时会进行利润的竞争，或者更直接地通过减少合作来竞争。在价值链活动的短期利益分配上，供应商可能通过提高原材料价格，或者降低其所提供的产品或服务的质量与企业进行博弈，以获取更多的价值；客户可能通过购买规模、替代品的选择等因素增强议价能力，迫使企业降低产品或服务的价格，减少企业的利润空间。与横向竞合中的竞争一样，这种显性竞争与供应商和客户自身的性质有关，是客观存在的相互竞争，可以通过有效管理以促进公平的利益分配。

值得注意的是，纵向竞合中的隐性竞争也不容小觑。由于处于同一产业链，供应商可能通过前向一体化、客户可能通过后向一体化演变为焦点企业的竞争对手。为了扩大市场份额，降低对焦点企业的依赖性，供应商、客户可能会与焦点企业的竞争对手开展合作，这种行为称为竞争性机会主义行为。例如，华为和苹果互为竞争对手，富士康与苹果建立合作已久，但为了争取更多的市场占有率，富士康也与华为建立了合作关系。总体来看，相比横向竞合，纵向竞合中企业与合作伙伴的长期共同利益更趋同，更容易产生合作需求，但当双方在价值创造和利益分配方面存在分歧时，竞争的强度就会增加。

3.4　本章小结

本章从竞合视角出发，根据合作意图和竞争强度，借鉴相关研究将联盟组合中的竞合战略划分为横向竞合和纵向竞合，并对比分析了这两种竞合战略在影响因素方面的差异，包括资源相似性、资源互补性、市场重叠度和机会主义风险等，为随后的三个子研究奠定理论分析框架。

第 4 章

竞合战略及其治理对企业
创新能力的影响研究

4.1 理论模型

基于第 3 章对两种竞合战略的分析，本章将展开第二个子研究。具体地，基于动态关系观的视角，从不同竞合战略及其治理的角度切入，通过整合动态关系观中的关键观点和要素，研究不同竞合战略对不同创新能力的影响，以及在合作和竞争强弱、创新程度高低的情景下如何开展联盟治理机制的选择，即回答本书的第二个研究问题：不同竞合战略及其治理对企业创新能力的影响有何差异？本章的理论模型如图 4.1 所示。

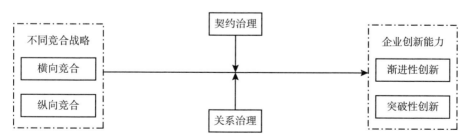

图 4.1 竞合战略及其治理对企业创新能力的影响研究模型

4.2 假设提出

4.2.1 竞合战略与企业创新能力

按照创新的程度，可将创新划分为突破性创新和渐进性创新。突破性创新是对公司现有能力的重大改变，创造了全新的产品和服务。而渐进性创新是指对产品和技术的微小改变和修改。不同的创新目标导致了合作竞争者之间不同层次的价值创造或占有紧张关系，为了使企业成功地追求突破的或渐进式的创新，需要选择不同的合作伙伴。

首先，根据创新理论，从创新资源的获取角度看，开展突破性创新不仅需要企业依赖其现有的知识库，同时还要积极利用各种外部资源，由于与竞争对手现有市场和技术知识的重叠，这种外部资源可能并不存在于竞争对手的组织中，导致企业很难有效地从竞争对手那里获取开展突破性创新所需的异质性资源和核心技术知识。因为合作伙伴可能会严格限制共享信息的数量，并限制合作伙伴获取专有技术和核心能力，而资源的相似性和市场的重叠度加深了他们对共同市场的理解，企业与竞争对手通过合作有助于对现有技术、产品和市场进行低到中程度的渐进性变革，以提高已有消费者的忠诚度，稳固和扩大市场。相反，企业的主要供应商和客户给企业带来了异质性的资源、知识和技术，提升了企业的研发能力和知识存量，创造了开展突破性创新所需的条件。其次，从创新的成本和风险来看，横向竞合是以竞争关系为基础的，开展突破性创新将面临更大的过程相互依赖性、任务复杂性和不确定性，竞争对手可能会利用从合作企业中获取的知识再退出合作，将知识部署到竞争领域，破坏合作关系，或者危及前合作伙伴的竞争优势。因此，在横向竞合中，如果企业投入过高的成本去进行突破性创新，很可能面临着与竞争对手竞争失利而导致市场份额丢失的风险，使企业付出较高的合作成本而无法最终获取突破性创新的收益。

而渐进式的合作创新过程更加明确和确定，合作伙伴更容易理解潜在的机制，对于合作双方而言是较为明智的选择。亚米和内梅（Yami and Nemeh，2014）研究指出，在二元竞合中，适度的目标与高水平的价值创造或占有张力相结合，企业与有限数量的竞争对手将主要朝着渐进的创新重新组合，因此，专注于渐进性创新的企业应当构建有利的竞争主导型的企业间竞合战略。相反，为了避免使竞争对手更具竞争力以及保护知识和技术，企业可能更愿意与其他类型的伙伴合作开展突破性创新，如供应商和客户，这些合作伙伴间的市场相似度较低，有利于双方追求共同的合作战略目标。利乌等（Liu et al.，2014）指出，当一段关系建立在合作的基础上时，其重点便是扩大共同利益。因此，专注于突破性创新的企业应当通过构建有利的合作主导型企业间的竞合战略。

综上所述，本书认为，不同的竞合战略代表了价值创造或占有之间的不同紧张关系，并导致不同类型的结果：突破或渐进型创新。相比而言，横向竞合更有利于渐进性创新，纵向竞合更有利于突破性创新。据此提出假设 1 和假设 2：

假设 1：相比横向竞合，纵向竞合更有利于突破性创新。

假设 2：相比纵向竞合，横向竞合更有利于渐进性创新。

4.2.2　不同竞合战略中治理机制的有效性

治理影响交易成本和联盟伙伴参与价值创造活动的意愿，它在关系租金的创造中起着关键作用。根据上文分析，不同的竞合战略中合作和竞争的程度不同，导致存在不同的创新潜力和风险，决定了治理机制的有效性差异。基于不同竞合战略中的资源依赖性质和机会主义的风险程度，本书认为，纵向竞合中运用关系治理更能提高企业创新能力，横向竞合中运用契约治理更能提高企业创新能力。

第一，企业间协同合作是主体出于获取外部资源目的的策略性行为，企业对外部资源的需求构成了其对外部环境（供应商、顾客、竞争对手等）的依赖。动态关系观强调合作伙伴之间资源相互依赖的性质会影响治理机制的选择。上文已指出，焦点企业与竞争对手资源基础类似，基于这种相似性的研发合作有助于提高技术发展的规模经济，在关键技术方面共同努力以分担风险和降低成本，对于双方进行组织学习和知识转移至关重要。虽然这种合作也会造成某种形式的对对方资源的依赖，但这种联盟通常具有时间限制，到时间或取得目标后即解散，因此，与竞争者的垂直交换关系相比，横向联盟中的资源依赖性相对较低，资源依赖程度不同，关系租金产生的路径和方式也存在差异。在资源依赖性低的联盟中，合作双方互相依赖的资源较少，面临的风险也较低，这种联盟中关系租金可以很快产生，但也会很快消散，因此合作双方的分工和任务较明确，此时通过制定简单的契约就可以清晰地界定责任和义务，规定决策方式和冲突解决办法以降低协调成本，提高创新能力。

相比而言，纵向竞合中的技术和资源存在互补性，它们有助于提高企业的创新能力，帮助企业获取竞争优势。同样地，在合作过程中，供应商也能够增强自身的竞争力。从合作的角度看，企业与供应商荣辱与共，焦点企业的成功在某种程度上也意味着供应商的成功。例如，自2007年苹果公司开始与富士康开展合作，苹果公司一直依赖于富士康的生产制造能力，而富士康也被誉为"苹果的代工厂"。一方面富士康通过与苹果公司的合作扩大了业务规模，增加了营业收入，提高了品牌知名度；另一方面也让富士康的业绩与苹果公司的表现密切相关。近两年苹果公司的出货量减少也导致富士康的裁员和业绩下滑。而焦点企业与客户的合作可以加深对其需求的了解，从而能够更精准地开发新产品，避免因返工和更改导致的成本增加，并能够显著地降低价格和需求的波动性。而联盟间的资源互补使合作双方形成了相互依赖的关系，相比横向竞合，纵向竞合中资源的依赖程度相对较高。这种情况下，资源的交换可能更为复杂，需要开展更多的沟通和协调活动，此时非正式的治理机制可能更有效。因为关系规范和信任为这种关系提供了灵活性，这种灵活性是必需的，它有助于合作双方构建柔性合同。而且建立信任后供应商可能会给企业更高的折扣，在生产技术和创新上投入更多，从而促进企业在合同规定之外的价值创造活动中采取主动行为，这些好处将有力提升企业的创新能力，而且是采用契约治理机制无法达到的。因此，从资源依赖性质的角度看，横向竞合中运用契约治理更能提高企业创新能力，纵向竞合中运用关系治理更能提高企业创新能力。

第二，如前文所述，由于合作和竞争本质上的矛盾性和二元性，竞合战略中不可避免地存在机会主义行为，这种机会主义行为如果太突出就会对企业创新能力产生负面影响，而机会主义风险越高，焦点企业就越可能采取契约治理，以最大限度降低绩效损失。第 3 章已指出，与竞争对手合作有可能会使对手公司更加强大，因为保护关键的具体技术不被竞争对手知道是很困难的，这种知识溢出风险可能会阻碍知识分享和创造方面的合作。根据关系观，横向竞合中的竞争关系会降低合作双方共同努力以创造价值的动力，可能会鼓励合作双方争相索取关系租金，甚至会刺激合作伙伴试图侵占属于焦点公司的那部分关系租金。

另外，横向竞合中显性和隐性的竞争会激发竞争对手的竞争意识，引起竞争对手向焦点企业学习的强烈动机。特别是在研发合作方面，因此他们可能会模仿焦点企业的战略、组织行为及有价值的资源，如争夺焦点企业优质的供应商和客户资源。由于具有类似的资源基础，这种模仿往往较容易成功。例如，高通是中兴通讯的长期合作伙伴，但后来小米手机凭借其互联网的商业模式获得了高通的技术合作和供应链支持，瓜分了中兴在中国的优势供应商资源。因此，在横向竞合中，企业因拥有相似的资源可以互相学习和提高创新潜力，但同时也会减少知识的获取，增加机会主义和不必要的知识溢出风险。当竞争重叠更大、模糊性存在、或者当知识产权保护力度较弱时，这些危险变得更加突出。因此，相比纵向竞合，横向竞合中更需要采取各种类型的知识保护机制。利乌等（Liu et al.，2009）指出，由于缺乏明确的表述、有限理性及信息的不对称，关系机制在防范合作伙伴的机会主义方面存在局限性。亚米和内梅（Yami and Nemeh，2014）研究也指出，在管理竞争对手之间的关系时，正式的治理机制优于非正式的治理机制。因此，横向竞合中可以通过合同来规定监督和惩罚不遵守规定的程序，以最小化对未来价值创造和获取的不确定性，减少知识泄露，更好地保护公司的核心业务和能力。

相反，纵向竞合往往是在合作的基础上建立的，这种关系相对"友好"，机会主义风险相对较低。利乌等（Liu et al.，2014）指出，在企业与供应商的关系中，双方更多是合作伙伴，他们的关系比行业竞争对手之间的关系更受合作理念的影响，如信任、互惠、沟通和公正观念。虽然企业与供应商和客户间存在纵向拓展的现实威胁，但进行这种拓展需要供应商和客户放弃之前对焦点企业的专用性投资，作为新进入者进入焦点企业所在的行业，还需要克服规模经济、转换成本、产品差异、资本需求等因素的制约，而且进入的时机也至关重要，因此双方基于自身利益的行为会产生反作用，甚至是破坏性的。进一步来看，当焦点企业与合作伙伴通过参与和反复互动，企业与供应商和客户的合作关系不断深化、合作范围不断扩大时，双方之间的关系规范和相互信任得以发展，这使他们的共同创造价值潜力上升，从而能够收获更多的关系租金。因此，关系治理机制一方面降低了与显性竞争相关的契约成本、监督成本及协调成本；另一方面互惠承诺的存在使拥有互补资源的合作伙伴之间不太可能彼此投机取巧，而且激励了合作伙伴进行价值创造，从而降低了供应商和客户的纵向拓展，以及它们与第三方合作的隐性竞争风险，减少了机会主义行为。所以，考虑机会主义风险，横向竞合中运用契约治理更能提高企业创新能力，纵向竞合中运用关系治理更能提高企业创新能力。

进一步来看，不同创新类型的潜力和风险各不相同，其治理机制的有效性也存在差异。突破性创新是一个复杂的和不确定的过程，需要开放和基础广泛的知识交流，以促进知识和资源的整合，但伴随着开放的范围扩大，知识溢出和机会主义的风险也随之增加。虽然专利、合同等机制有助于防范风险，然而，由于突破性创新的产出不确定和契约机制的灵活性缺乏，这些机制并不容易实施。而关系治理中的信任等内在规则能够提高事后调整的灵活性，减少创新中的不确定性。且突破性创新通常涉及复杂的隐性知识，由关系治理机制促成的协调惯例、共同语言和开放信息交换更有助于克服基于知识的资产的嵌入性和隐性。例如，布斯蒂勒和亨默特（Bstieler and Hemmert，2015）通过研究韩国企业新产品开发协同中的治理机制发现，相比契约治理，关系治理的作用更显著。他指出，在开展高度不确定和高度知识交换风险的研发活动中，东亚地区更注重关系的建立而非交易成本最小。而渐进性创新的任务和活动可以更好地分离，投资也可预测，合作双方将会经历较少的复杂性、模糊性和不确定性，因此契约制定难度较小。而契约关系作为最基本的关系，在涉及租金分配时不可或缺，它明确了联盟伙伴最基本的权利和义务。综上所述，本书提出假设 3 和假设 4：

假设 3：纵向竞合中，运用关系治理比运用契约治理更能提升企业创新能力，而且关系治理对突破性创新的作用强于契约治理。

假设 4：横向竞合中，运用契约治理比运用关系治理更能提升企业创新能力，而且契约治理对渐进性创新的作用强于关系治理。

4.3　研究方法

4.3.1　问卷设计

本书主要关注企业基于竞合战略的创新实践，由于其中所涉及的竞合战略、竞合能力等数据无法从公开资料中获得，因此为了有效反映企业的真实运作情况，本书主要通过问卷调查的方式来获取一手数据，并采用科学合理的方法进行问卷设计。问卷设计的过程如下。

（1）问卷初稿。本书主要根据企业咨询实践和理论分析形成研究问题，再依据本书的研究问题和所涉及的变量阅读大量相关的经典文献，总结权威的研究问题和变量测量量表，按照两个标准选取量表：一是与本书主题相关；二是被广泛引用的已有的成熟量表。在此基础上对测度题项进行设计，形成问卷初稿。

（2）问卷修改。通过与学术界、企业界多名专家讨论进行问卷题项的修改。第一，就问卷设计结构、内容、表述等方面与诸多同领域的老师、学者进行讨论，对题项的顺序和题项表达方式进行了调整，并对部分题项进行了精减。第二，结合笔者的咨询管理实践经验，对问卷是否能反映企业的实际情况、变量之间的逻辑关系等问题与企业的中高层管理人员、管理咨询专家进行讨论，在此基础上对问卷进行了进一步完善。

（3）问卷形成。通过导师、同学、同事、朋友等关系进行预调研，将问卷发给113位企业中高层管理人员进行预测试，根据他们的反馈进行问卷的信度和效度分析，并再次修改完善，最终形成问卷的正式稿。

调研问卷共包含三个部分：第一，引导语。主要说明此次问卷的调研目的、调研内容、问卷的填写方式、填写时间等，以使调研对象能够真实、客观地填写信息。第二，变量测量。主要包括竞合战略、治理机制、资源整合、渐进性创新、突破性创新、动态环境等变量，题项均采用Likert7点量表进行测量。第三，调研企业的基本信息。包括企业所处行业、成立时间、规模等。

采用问卷形式获取数据方便、快捷，但由于调研对象在填写问卷的过程中存在较强的主观性，可能会导致数据结果出现偏差，进而影响问卷的有效性。为了减少受访者不知道、不想答、记不清、不理解的问题，本书参考彭新敏等（2009）的研究，采取如下措施以提高问卷的准确性和有效性。

（1）受访者须为企业的研发人员或中高层管理人员，并在企业工作两年以上，熟悉企业的创新活动及整体运营情况，答卷期间如有不清楚的问题可向企业有关人员了解后作答。

（2）本问卷在引导语中即向受访者明确表明，本次调研仅用作学术研究，内容不涉及任何企业的机密，包括企业的名称、受访者姓名等，并承诺对调研对象提供的信息予以保密。同时表示，如果企业有兴趣可以与其一起分享调研相关报告，以获取受访者的信任。

（3）本问卷主要针对企业近三年的创新情况进行设计，从而避免因记忆偏差引起的数据不准确。而三年也是大多数有关创新行为的问卷所采用的普遍时间。

（4）由于本问卷大多数变量题项是由英文翻译而来，而英文和中文的表述方式存在差异，为了减少措辞和表述歧义，在问卷设计过程中，笔者多次与企业界专家进行讨论，并进行了预调研，反复对题项进行测试和修改，力求表述准确、清晰、无歧义。

此外，本次调研将企业的基本信息置于第二部分，一般调研问卷都将企业的基本信息放在第一部分，本书之所以调整了问卷结构源于企业界专家的建议：现在很多调研刚开始就让企业写收入，这让企业很抵触，导致后面调研对象不认真填写。因此，问卷结构的调整能让调研对象在放松的状态下填写问卷，从而更可能获取真实可靠的数据。

4.3.2　变量测量

4.3.2.1　因变量

本书的因变量是渐进性创新和突破性创新。渐进性创新主要包括对现有产品、服务或流程的改进，而突破性创新是指技术上的新产品、服务或流程。本书将这两类创新看作独立的变量，即假设企业不会同时获得渐进性创新和突破性创新。因此，本书并没有将这两类创新进行组合测量，即其平衡性和协同性，而是采用分类测量的方法。目前，学术界对于这两类创新的分类衡量方法可总结为以下三种。

（1）通过采用单个题项来衡量竞合中的渐进性创新和突破性创新的水平。如贝尔德伯斯等（Belderbos et al.，2004），受访者要求评估公司在过去五年通过与竞争对手合作而积累的创新收益，渐进式创新被称为"改进的产品和服务"，而突破性创新则被称为"全新的产品和服务"，1 表示没有获益，7 表示获益非常高。同样地，德·利乌等（De Leeuw et al.，2014）、法姆等（Faems et al.，2010）、劳尔森和索尔特（Laursen and Salter，2006）、奥尔勒曼斯等（Oerlemans et al.，2013）根据新产品或显著改进的产品和服务在营业额中所占的百分比来测量突破性创新，根据新产品和服务的改进在营业额中所占的百分比来测量渐进性创新。

（2）基于不同类型的专利申请数据进行测量。发明专利与突破性创新的创造性相吻合，而实用新型与外观设计是对现有产品、服务和流程的改进与提升，可以用来测量渐进性创新。

（3）通过评估企业在产品、服务、技术等方面的创新水平进行测量。例如，苏布拉马尼亚姆（Subramaniam，2005）分别通过 3 个题项评估企业加强和扩展其现有专长和产品及服务线的能力，以及企业淘汰现有产品及服务的能力来测量渐进性创新、突破性创新。克莉丝汀等（Christine et al.，2003）将突破性创新和渐进性创新划分为具体的类型，通过统计每一类创新的发生频率进行测量。突破性创新指战略上的创新；渐进性创新分为四类：结构、人员、程序、工艺上的创新。崔新坤、韩德昌（2016）参考詹森（Jansen，2006）的量表分别用 5 个题项测量产品的渐进性和突破性创新。王思梦等（2019）参考莱恩（Lane，2001）的研究，分别采用 4 个题项测量渐进性创新能力和突破性创新能力。

总结上述学者的研究，结合本书对创新能力的定义和分析讨论，本书主要采用第三种方法对渐进性创新和突破性创新进行测量，分别用 4 个题项测量两类创新。渐进性创新是指焦点企业通过联盟竞合获取和使用知识，对现有产品和服务进行改良和改进。突破性创新是指焦点企业通过联盟竞合获取和使用各种新知识，给现有产品和市场带来根本性的变化。具体题项如表 4.1 所示。

表 4.1　　　　　　　　　突破性创新、渐进性创新变量测量

变量	测量题项	文献来源
突破性创新	企业经常开发全新的产品或服务	苏布拉马尼亚姆和扬特（Subramaniam and Youndt，2005）；戈文达拉扬和科帕勒（Govindarajan and Kopalle，2006）；邓渝、黄小凤（2017）；王思梦、井润田和邵云飞（2019）
突破性创新	企业经常创造新技术和新工艺	
突破性创新	企业通过创新实现重大突破，淘汰了原有的主导产品和服务	
突破性创新	企业经常开发和引进行业内的全新技术	
渐进性创新	企业经常产生新的产品式样或服务	
渐进性创新	企业经常改进现有的流程、产品或服务	
渐进性创新	企业增强了自身产品或服务的生产能力	
渐进性创新	企业对生产或服务的工具和设备进行创新性更改	

4.3.2.2　自变量

本书的自变量是不同的竞合战略。根据布兰德伯格和纳尔波夫（Brandenburger and Nalebuff，1996）的定义，竞合广泛存在于组织间关系中，供应商、客户、竞争对手都是潜在的"竞争对手"。本书认为，由于企业逐利的本质，只要企业与合作伙伴开展创新合作，这种合作本身就包含合作和竞争的矛盾、共同利益和私人利益的冲突。现有关于竞合的测量方法主要包括三种方式。

（1）采用合作和竞争的乘积项表示竞合。对于合作的测度，量表主要关注合作伙伴间的沟通协调、互动的强度。对于竞争的测度，量表主要关注合作伙伴间的紧张关系、冲突、争夺等，基于此通过两者交互的协同效应表示竞合战略。而根据具体的情景，合作和竞争的测量题项又有所不同，例如，罗等（Luo et al.，2006）和斯特雷泽等（Strese et al.，2016）采用 6 个题项衡量合作能力，以检验评估跨职能互动过程中知识转移的核心潜在能力；采用 6 个题项测量合作强度，评估横向跨职能互动的频繁程度和密切程度；采用 11 个题项测量竞争，评估各职能部门在资源、战略重要性等方面的竞争，最后分别根据合作能力与竞争的乘积、合作强度与竞争的乘积衡量跨职能竞合。在上述两位学者的基础上，周江华等（2019）设计出对公司内市场和研发部门合作和竞

争的测量，其中，合作包含 14 个题项，竞争包括 9 个题项，将合作与竞争的交互效应表示竞合战略。相似地，李林蔚（2016）基于李等（Li et al.，2011）的测量方法，采用 4 个题项测量企业间的竞争，5 个题项测量企业间的合作，并用它们的乘积项来表示竞合。

（2）评估合作双方的竞合程度进行测量。如博肯等（Bouncken et al.，2016）关注不同竞合强度与联盟治理的互动对产品创新的影响，采用三个题项来测量竞合：①我们与我们的合作伙伴竞争密切。②与我们的合作伙伴积极竞争对我们非常重要。③我们的合作伙伴也是我们的竞争对手。

（3）通过合作伙伴的性质进行测量。如金塔纳和贝拉斯科（Quintana – García and Benavides – Velasco，2004）通过 5 个变量测量企业与竞争对手间以及与上下游伙伴间的竞合战略，包括企业"与直接竞争对手的合作""与上游合作方的竞争""与上游合作方的单纯合作""与下游合作方的竞争""与下游合作方的单纯合作"。李东红等（2020）通过一个二元变量衡量企业是否采取了竞合战略，如企业与竞争者存在创新合作时竞合战略的值为 1，反之则为 0，并将竞合战略划分为本土竞合和境外竞合。类似地，柯林森和刘（Collinson and Liu，2017）将企业与供应商或客户的创新合作定义为合作伙伴关系，将企业与竞争对手的创新合作定义为竞争伙伴关系。

综上所述，现有关于竞合战略的测量还缺乏成熟的量表，大多数研究都是根据具体的研究情景而定，还有待进一步探索和验证。本书主要讨论不同竞合战略及其治理和企业创新能力的关系，因此，本书将依据金塔纳和贝拉斯科（Quintana – García and Benavides – Velasco，2004）、李东红等（2020）的测量方法，参考林和范德文（Ring and Van De Ven，1992）、霍夫曼等（Hoffmann et al.，2018）的理论思想，遵循第三种测量方法，采用代理变量定义竞合战略，运用 0~1 变量进行测量。主要通过询问企业在过去 3 年的主营业务创新活动中是否与不同类型的合作伙伴开展过合作，如果企业选择供应商或客户，则定义为纵向竞合战略，赋值为 1，反之为 0。如果企业选择竞争对手，则定义为横向竞合战略，赋值为1，反之为0。

4.3.2.3　调节变量

本书的调节变量是治理机制，包含契约治理和关系治理。上文已指出，契约和关系治理是大量学者分析的两种主要治理机制。契约治理指焦点企业通过与合作伙伴签订正式合同，以激励和规定制度来规范企业间的交易。关系治理指焦点企业通过个人关系或良好的交易历史，与合作伙伴建立关系规范，控制互惠交流和个人行为，以营造合作氛围。现在关于这两种治理机制的测量已有较成熟的量表。例如，坎农等（Cannon et al.，2000）运用3个题项测量子公司与供应商签订的具体的、定制的和详细的合同协议的程度，以度量契约治理。波波和曾格（Poppo and Zenger，2002）将关系治理定义为信息的开放沟通和共享、信任、依赖和合作，并采用3个题项测量买方与供应商之间的关系治理程度；针对合同复杂性，波波和曾格（Poppo and Zenger，2002）在麦克尼尔（Macneil，1978）研究的基础上，通过测量合同的定制性和合同的长度进行测量。利乌等（Liu et al.，2009）认为交易机制中，合同是一种法律契约，它规定了交易双方的角色和义务，具有详细和正式的操作程序，并根据坎农等（Cannon et al.，2000）、捷普和加内桑（Jap and Ganesan，2000）的量表，采用3个题项进行测量。

针对关系机制，利乌等（Liu et al.，2009）认为该机制包括关系规范和信任，其中，关系规范采用捷普和加内桑（Jap and Ganesan，2000）的量表，以4个题项测量信息交流、团结和参与规范。信任依据库玛等（Kumar et al.，1995）的量表，采取5个题项测量焦点企业对其交易伙伴的诚实和仁慈的信任程度。同样地，阿兰斯和德阿罗亚贝（Arranz and de Arroyabe，2012）基于坎农等（Cannon et al.，2000）、捷普和加内桑（Jap and Ganesan，2000）、波波和曾格（Poppo and Zenger，2002）的研究，采取3个题项测量正式合同。采用关系规范和信任测量关系治理，其中关系规范由4个题项得出，信任由2个题项得出。也有些学者从多维视角看待契约治理和关系治理，认为应从多个角度进行测量。例如，李等（Li et al.，2010）认为关系机制包含中介渠道、共享目标和信任，并分别采用2个题项测量中介渠道，4个题项测量共享目标，4个题项测量信任。张和周（Zhang and Zhou，2013）认为正式机制包括事前合同和事后控制，并采用3个题项测量合同的程度，4个题项测量控制，以获取制造商在生产、质量控制等领域对供应商决策的影响程度。而非正式机制则采用信任进行度量，采用4个量表考察合作伙伴的可靠性、可预测性和公平性。

　　总结上述学者的研究，本书所定义的契约治理是焦点企业与合作伙伴签订的具体的、定制的和详细的合同协议程度，关系治理是焦点企业与合作伙伴间信息交流、参与规范和信任的程度，包括关系规范和信任。根据学者们的成熟量表进行测量，其中，契约治理采用3个题项进行测量，关系治理中关系规范采用4个题项进行测量，信任采取2个题项进行测量，具体题项如表4.2所示。

表4.2　　　　　　　　　　　治理机制变量测量

变量	测量题项	文献来源
契约治理	企业与合作伙伴有专门的、详细的协议	坎农等（Cannon et al.，2000）；捷普和加内桑（Jap and Ganesan，2000）、波波和曾格（Poppo and Zenger，2002）；利乌等（Liu et al.，2009）阿兰斯和德阿罗亚贝（Arranz and de Arroyabe，2012）
契约治理	企业与合作伙伴有定制的协议，详细说明双方的义务	
契约治理	企业与合作伙伴一起设计详细的合同	
关系治理	企业期望与合作伙伴进行公开交流和分享信息，想法或倡议	
关系治理	企业与合作伙伴有很强的合作关系	
关系治理	企业与合作伙伴共享企业的长期和短期的目标和计划	
关系治理	企业与合作伙伴通过联合磋商和讨论解决合作中的问题和冲突	
关系治理	企业相信合作伙伴的诚实行为	
关系治理	在决策过程中，合作伙伴关心其他合作伙伴的利益	

4.3.2.4　控制变量

　　为了建立稳定的假设关系，本书在样本中控制了几种潜在的异质性来源。大量研究表明，企业规模会影响创新能力，企业规模越大，积累的创新资源和经验就越丰富。本书根据营业收入将企业规模划分为 4 级。已有研究表明，企业的研发投入不同，其创新能力也会有所差别，本书按照研发投入占销售额的比重将其划分为 3 级。资产专用性是指为支持特定交易而进行的投资，其不能重新部署到其他用途的程度。波波和曾格（Poppo and Zenger，2002）、阿兰斯和德阿罗亚贝（Arranz and de Arroyabe，2012）等认为资产专用性会影响治理机制的选择，本书主要借鉴施赖纳等（Schreiner et al.，2009）、鲁尔和阿里尼奥（Reuer and Ariño，2002）的量表，通过 3 个题项测量得出：（1）如果贵企业更换合作伙伴，代价是巨大的；（2）如果贵企业更换合作伙伴，所实施的投资将很难收回；（3）如果贵企业更换合作伙伴，将浪费大量为这种伙伴关系量身定制的知识。

另外，股权有利于阻止机会主义行为，协调合作伙伴的利益，因此，本书还控制了联盟类型，划分为股权型联盟和非股权型联盟，使用哑变量来测量，股权型联盟编码为 1，非股权型联盟编码为 0。综上所述，本书将企业的规模、研发投入、资产专用性、联盟类型标定为控制变量。

4.3.3　数据收集

由于本书主要研究创新活动，因此将调查对象限定为全国范围内的高新技术企业。根据国家统计局的划分标准，分为高新技术制造业和高新技术服务业。其中，高新技术制造业包括医药制造等六大类。高新技术服务业包括信息服务等九大类。经过前期的预调研之后，根据分析结果多次修改后形成最终的调研问卷。2018 年 6 月开始正式调研，截至 2018 年 11 月，持续半年时间。主要通过以下三种方式进行调研：一是根据笔者之前工作所积累的客户资源进行现场走访；二是利用同事、朋友关系发放问卷；三是通过微信问卷星付费样本服务发放问卷。参与调查的企业主要来自北京、上海、深圳、广州、天津、重庆、南京、青岛、成都、西安等 13 个省市，被调查者均为中高层管理人员和核心技术人员。调研共发放 550 份问卷，回收 380 份，剔除答案完全一致的无效问卷，共获得有效问卷 313 份，有效回收率 56.9%。

4.3.4　分析方法

科学有效的研究方法能够确保研究结果准确可靠。本书通过问卷调查的方式收集数据后，将采用 SPSS 17.0 和 Amos 24.0 两种软件进行描述性统计分析、相关分析、信度和效度检验、验证性因子分析和层次回归分析，对量表进行统计分析，并对提出的假设进行验证。

4.3.4.1　描述性统计分析

描述性统计分析主要对样本企业的基本信息和变量的分布进行统计分析。基本信息包括企业性质、企业年龄、企业规模、研发投入和行业类型。变量包括契约治理、关系治理、突破性创新、渐进性创新等。针对基本信息，需要对样本的分布情况作出描述；针对主要变量，需要说明变量的均值、标准差、最大值和最小值等。

4.3.4.2　相关分析

本书将以 Pearson 相关分析来研究变量之间的相关性，Pearson 系数的取值范围为 $-1 \sim 1$。在分析变量相关关系时，先分析相关系数值是否呈现出显著性，如果呈现出显著性则说明两变量之间有相关关系，否则说明两变量之间没有相关关系。相关分析可初步了解变量之间的联系情况，为下一步的回归分析奠定基础。

4.3.4.3　信度和效度检验

进行假设检验的前提是量表的信度和效度必须达标。信度是指量表或测量工具的稳定性和一致性程度，反映了数据的真实和可靠程度，具体可用 Cronbach's a 值来衡量。Cronbach's a 系数介于 $0 \sim 1$，大于 0.7 表示量表具有较好的一致性。效度主要测量问卷题项是否准确有效。效度分析包括内容效度和构建效度，后者又包含聚合效度和区别效度。内容效度是指问卷题项对相关概念测量的适用性情况，即题项设计的合理性情况。构建效度主要采用验证性因子分析法进行验证，聚合效度可以通过因子载荷值、CR（组合信度）值、AVE（平均变异抽取量）值来判断。其中，因子载荷值需大于 0.5；CR 值需大于 0.7；AVE 值需大于 0.5。整体构建效度可以根据拟合指数进行判断，若 $2 < \chi^2/df < 5$ 则认为模型可以接受，RMSEA < 0.08，NFI、CFI、GFI 均大于等于 0.9，则说明模型的拟合度较好，即构建效度较好。区别效度可以通过将某个变量的 AVE 值平方根与该变量和其他变量的相关系数进行比较来判断，如果各变量 AVE 的平方根均大于与其他因子的相关系数，说明变量间的区分效度较好。

4.3.4.4　层次回归分析

层次回归分析被广泛用于验证自变量对因变量的影响关系。本书将采用层次回归分析来检验不同竞合战略及其治理和企业创新能力的关系，以及资源整合的中介效应，并进一步检验竞合能力对资源整合的作用，以及技术波动和竞争强度对治理机制、竞合能力与资源整合之间关系的调节作用。层次回归分析采用逐步放入变量的方法，通过 t 检验和 F 检验来判断影响关系的显著性和百分比，避免了多重共线性，可以清晰地观察到模型的解释力变化，从而对假设进行验证。

4.4　实证研究

4.4.1　样本特征

运用 SPSS 17.0 软件，本书对调研数据进行了统计分析，313 份样本企业的主要特征如表 4.3 所示。

表4.3　　　　　　　　　　　样本的描述性统计结果

维度	企业特征	样本数（份）	占比（%）	维度	企业特征	样本数（份）	占比（%）
企业年龄	5年及以下	51	16.3	研发投入	3%及以下	39	12.5
	6~10年	92	29.4		3%~5%	127	40.6
	10~20年	126	40.3		5%及以上	147	47.0
	20年及以上	44	14.1	行业类型	医药制造	52	16.6
企业性质	国有	60	19.2		航空、航天器及设备制造	13	4.2
	集体	10	3.2		电子及通信设备制造	79	25.2
	民营	152	48.6		医疗仪器设备及仪器仪表制造	14	4.5
	股份制	65	20.8		计算机及办公设备制造	15	4.8
	外资	23	7.3		信息化学品制造	13	4.2
	其他	3	1.0		信息服务	60	19.2
企业规模	300万元及以下	33	10.5		电子商务服务	21	6.7
	300万~2000万元	99	31.6		检验检测服务	6	1.9
	2000万~4亿元	131	41.9		专业技术服务	17	5.4
	4亿元及以上	50	16.0		其他	23	7.3

　　从313份有效问卷来看，企业年龄在10年及以上的占比54.4%，企业成立时间越长，越能够在创新方面积累丰富的经验，这符合创新战略的特点。而且样本对不同的企业年龄均有涵盖，适合开展后续研究；企业性质中48.6%属于民营企业，接近一半；从企业规模来看，营业收入主要集中在300万~2000万元和2000万~4亿元这两个维度，合计占比73.5%，说明样本企业大都具有一定的规模，这符合开展创新需要企业具备一定的规模和资源的特点；研发投入3%及以上的占比87.6%，说明样本企业大多数重视研发和创新活动，这与本书的要求相吻合。行业类型中，61.8%的企业属于高新技术制造业，38.2%的企业属于高新技术服务业，覆盖了10种行业类型，说明本书样本行业分布广泛。

4.4.2　共同方法偏差检验

共同方法偏差是指由数据的来源相同所造成的变异，它会影响研究结果的真实性和有效性。本书采用 Harman 单因子进行数据同源偏差检测。对所有变量的测量条目进行主成分因素分析，结果显示，所有题项未旋转时第一个公因子解释的方差比例为 27.9%，小于 50%，因此，本书不存在同源偏差问题。

4.4.3　T 检验

本书采取分组回归的方式对两种竞合战略中治理机制的有效性进行检验，为验证这两组数据是否来自两个不同的整体，而且不考虑其他因素对这两组数据的影响，本书进行了独立样本 T 检验，基于横向竞合和纵向竞合的分组结果显示，二者在突破性创新和渐进性创新方面均存在较为显著的差距，且相较于横向竞合组，纵向竞合组的突破性创新均值较高，这一现象也符合假设 1 分析的结果（见表 4.1）。

4.4.4　信度和效度检验

在进行假设检验之前，需要对数据进行信度和效度分析，以保证准确、有效的实证研究结果。本书将运用 SPSS 17.0 和 Amos 24.0 两种软件对量表进行验证。

4.4.4.1　信度检验

本书使用 Cronbach's a 系数检验以及修正后的项与总计相关性（CITC）对各量表构念的信度进行检验。结果显示，每个构念的 Cronbach's a 系数均大于 0.7，并且所有题项的 CITC 值均大于 0.5，删除其他任何一个题项都将降低一致性指数，综合说明量表内部一致性较好，具有较好的信度，如表4.4所示。

表4.4 各变量信度检验结果

变量	题项	CITC	删除项后的 Cronbach'α 系数	Cronbach'α 系数
资产专用性（SA）	SA1	0.616	0.629	0.753
	SA2	0.620	0.625	
	SA3	0.512	0.745	
突破性创新（RI）	RI1	0.573	0.636	0.730
	RI2	0.550	0.653	
	RI3	0.521	0.673	
	RI4	0.515	0.708	
渐进性创新（II）	II1	0.550	0.630	0.727
	II2	0.552	0.645	
	II3	0.579	0.627	
	II4	0.531	0.657	
契约治理（FG）	FG1	0.567	0.661	0.741
	FG2	0.549	0.689	
	FG3	0.596	0.622	
关系治理（RG）	RG1	0.520	0.698	0.745
	RG2	0.529	0.695	
	RG3	0.575	0.680	
	RG4	0.553	0.690	
	RG5	0.511	0.699	
	RG6	0.515	0.720	

注：SA 代表资产专用性，RI 代表突破性创新，II 代表渐进创新，FG 代表契约治理，RG 代表关系治理。

4.4.4.2 效度检验

效度用于分析量表题项设计是否合理，即量表的有效性。上文已指出，本书将从内容效度、聚合效度、区别效度三个维度对变量的效度进行检验。本书的测量题项均来自经典文献中的成熟量表，而且参考了学

术界和企业界专家的意见，进行了预调研和修改，因此具备较好的内容
效度。聚合效度方面，本书采用验证性因子分析的因子载荷值、CR 值
和 AVE 值进行衡量；区分效度使用拟合指数进行衡量，衡量标准在分
析方法中已说明。首先，采用 SPSS 17.0 计算 KMO 值并进行 Bartlett 球
形检验。结果显示，各变量的 KMO 值均大于 0.7，通过巴特利球形检
验，累计解释方差百分比均大于 50%，说明适合做探索性因子分析，
如表 4.5 所示。

表 4.5　　　　　　　　　　　各变量的探索性因子分析

变量	累计解释方差百分比（%）	KMO	Bartlett 检验显著性
资产专用性	66.960	0.730	0.000
突破性创新	55.481	0.727	0.000
渐进性创新	55.097	0.743	0.000
契约治理	66.334	0.735	0.000
关系治理	55.515	0.803	0.000

接下来检验聚合效度，通过因子分析检测各测量题项的因子载荷，
结果如表 4.6 所示，可以看到，各题项的因子载荷值在 0.685 ~ 0.844
之间，均大于 0.5，CR 值均大于 0.7，AVE 值均大于 0.5，表明量表的
聚合效度较好。进一步来看，运用 AMOS 24.0 软件，本书进行了验证
性因子分析，结果显示，除资产专用性和契约治理外，各变量的 $\chi^2/$
df 均小于 3，RMSEA 均小于 0.08，NFI、CFI、GFI 均大于 0.9，表明
拟合指标达到了标准要求，说明各量表具有较好的构建效度。由于资
产专用性和契约治理包含 3 个测量题项，因此根据结构方程建模的要
求，3 个题项的拟合性以路径系数为准，由表 4.6 可知，资产专用性、
契约治理题项的路径系数均大于 0.6，符合判别标准。而且 AVE 的平
方根均大于该变量与其他变量的相关系数，表明量表具有较好的区别
效度。

表 4.6 各变量的因子载荷、CR 值、AVE 值分析

变量	题项	因子载荷	CR	AVE	拟合指标/路径系数
资产专用性（SA）	SA1	0.843	0.858	0.669	SA1 <--- SA 0.77 SA2 <--- SA 0.77 SA3 <--- SA 0.69
	SA2	0.844			
	SA3	0.765			
契约治理（FG）	FG1	0.813	0.855	0.663	FG1 <--- FG 0.70 FG2 <--- FG 0.66 FG3 <--- FG 0.75
	FG2	0.797			
	FG3	0.833			
关系治理（RG）	RG1	0.690	0.862	0.510	$\chi^2/df = 2.844$ RMSEA = 0.077 NFI = 0.931 CFI = 0.953 GFI = 0.973
	RG2	0.710			
	RG3	0.750			
	RG4	0.731			
	RG5	0.720			
	RG6	0.685			
突破性创新（RI）	RI1	0.784	0.841	0.570	$\chi^2/df = 0.287$ RMSEA = 0.072 NFI = 0.950 CFI = 0.956 GFI = 0.979
	RI2	0.766			
	RI3	0.744			
	RI4	0.725			
渐进性创新（II）	II1	0.735	0.850	0.586	$\chi^2/df = 1.746$ RMSEA = 0.049 NFI = 0.986 CFI = 0.994 GFI = 0.995
	II2	0.773			
	II3	0.794			
	II4	0.760			

注：SA 代表资产专用性，FG 代表契约治理，RG 代表关系治理，RI 代表突破性创新，II 代表渐进性创新。

4.4.5 描述和相关分析

运用 SPSS 17.0 进行描述性统计分析。从表 4.7 中可以看出，总样本中，企业规模、研发投入、资产专用性、纵向竞合对突破性创新呈现显著相关关系，研发投入、联盟类型、资产专用性、横向竞合对渐进性创新呈现显著相关关系。综合表明自变量和因变量间存在中高度的相关

关系，达到了理想情况，适合进行进一步回归模型检验。

表 4.7　　　　　各变量的均值、标准差、相关系数（总样本）

变量	均值	标准差	1	2	3	4	5	6	7
1 企业规模	2.63	0.875							
2 研发投入	2.35	0.690	0.301**						
3 联盟类型	0.81	0.394	−0.028	0.150**					
4 资产专用性	5.04	1.150	0.017	0.002	0.249**				
5 横向竞合	0.27	0.442	0.087	−0.133*	−0.020	−0.092			
6 纵向竞合	0.95	0.221	−0.031	0.074	−0.002	0.106	−0.156		
7 突破性创新	5.27	0.956	0.114*	0.183**	0.080	0.277**	0.092	0.018**	
8 渐进性创新	5.59	0.885	0.085	0.167**	0.194**	0.314**	0.177**	0.072	0.251**

注：* 表示 $p < 0.05$，** 表示 $p < 0.01$（经由 t 值双尾检测）。

根据竞合战略的测量分为两个研究样本对治理机制的有效性开展研究，并剔除了既包括横向竞合也包含纵向竞合的样本。从表 4.8 中可以看出，纵向竞合中，资产专用性、契约治理、关系治理都对突破性创新、渐进性创新呈现显著相关关系。横向竞合中，研发投入、资产专用性、契约治理、关系治理均对突破性创新均具有显著影响；联盟类型、契约治理、关系治理都对渐进性创新均具有显著影响，综上所述，表明适合进行进一步回归模型检验。

表 4.8　　　　　各变量的均值、标准差、相关系数（分样本）

变量	均值	标准差	1	2	3	4	5	6	7
纵向竞合（N−223）									
1 企业规模	2.59	0.900							
2 研发投入	2.41	0.650	0.324**						
3 联盟类型	0.82	0.388	−0.035	0.156*					
4 资产专用性	5.12	1.092	−0.022	−0.031	0.242**				

续表

变量	均值	标准差	1	2	3	4	5	6	7
			纵向竞合（N－223）						
5 契约治理	5.72	0.904	0.149*	0.210**	0.022	0.243**			
6 关系治理	5.55	0.711	0.061	0.078	0.027	0.384**	0.564**		
7 突破性创新	5.29	0.929	0.124	0.084	0.041	0.275**	0.436**	0.524**	
8 渐进性创新	5.66	0.823	0.130	0.178**	0.141*	0.345**	0.451**	0.506**	0.219**
			横向竞合（N－83）						
1 企业规模	2.76	0.790							
2 研发投入	2.19	0.772	0.257*						
3 联盟类型	0.80	0.406	－0.004	0.127					
4 资产专用性	4.87	1.242	0.062	－0.032	0.252*				
5 契约治理	5.62	0.920	0.073	0.271*	0.409**	0.295**			
6 关系治理	5.36	0.868	0.045	0.326**	0.367**	0.410**	0.520**		
7 突破性创新	5.24	1.024	0.107	0.411**	0.216	0.286**	0.576**	0.636**	
8 渐进性创新	5.49	0.986	－0.008	0.127	0.253*	0.215	0.431**	0.589**	0.307**

注：*表示 $p < 0.05$，**表示 $p < 0.01$（经由 t 值双尾检测）。

4.4.6 层次回归分析

本书使用层次回归分析方法检验假设，在相关分析的基础上，本书将控制变量进行虚拟化处理，和其他变量一起纳入层次回归模型，通过分析变量之间的关系以验证本书的理论假设。层次回归分析需要检验是否存在异方差、多重共线性和序列相关问题，以保证结果的稳定性和可靠性。本书进行了残差项的散点图分析，各模型的散点图均呈无序状，因此，本书不存在异方差问题；序列相关问题通常用 D－W 值进行判断，本书各模型的 D－W 值介于 1.749～2.357 之间，因此不存在序列相关问题；多重共线性一般可采用方差膨胀因子（VIF）指数进行判断，本书在检验交互效应时，对变量进行了标准化处理，并采用逐步放入变量的方法。结果显示，本书各模型的 VIF 指数取值范围 0～10，因此不存在多重共线性问题。综上所述，本书的分析结果稳定、可靠。

4.4.6.1　竞合战略对企业创新能力的作用分析

本书主要依据盖辛等（Gesing et al.，2015）、柯林森和刘等（Collinson and Liu，2017）的方法，通过比较自变量对因变量的显著性和影响系数对直接效应进行检验。从表 4.9 中可以看出，模型 1 主要检验控制变量对突破性创新的作用。模型 1 显示，研发投入（模型 1，$\beta = 0.232$，$p < 0.01$）、资产专用性（模型 1，$\beta = 0.233$，$p < 0.001$）正向影响突破性创新。加入自变量横向竞合和纵向竞合后，模型 2 的 R^2 显著增加，横向竞合对突破性创新的影响不显著，纵向竞合正向影响突破性创新（模型 2，$\beta = 0.249$，$p < 0.001$），说明相比横向竞合，纵向竞合更有利于突破性创新，假设 1 得到支持。模型 3 显示，研发投入（模型 3，$\beta = 0.178$，$p < 0.01$）、资产专用性（模型 3，$\beta = 0.221$，$p < 0.001$）、联盟类型（模型 3，$\beta = 0.231$，$p < 0.1$）正向影响渐进性创新。加入自变量横向竞合和纵向竞合后，模型 4 的 R^2 有所增加，横向竞合正向影响渐进性创新（模型 4，$\beta = 0.124$，$p < 0.01$），纵向竞合也对渐进性创新具有正向的影响作用（模型 4，$\beta = 0.110$，$p < 0.05$），而且横向竞合的影响作用稍大于纵向竞合，说明相比纵向竞合，横向竞合更有利于渐进性创新，假设 2 得到支持。

表 4.9　　　　　　　　竞合战略对企业创新能力的回归分析结果

变量	突破性创新		渐进性创新	
	模型 1	模型 2	模型 3	模型 4
企业规模	0.064	0.063	0.042	0.053
研发投入	0.232 **	0.232 **	0.178 **	0.157 *
资产专用性	0.233 ***	0.230 ***	0.221 ***	0.208 ***
联盟类型	−0.032	−0.028	0.231 †	0.248 *
横向竞合		0.073		0.124 **

续表

变量	突破性创新		渐进性创新	
	模型 1	模型 2	模型 3	模型 4
纵向竞合		0. 249 ***		0. 110 *
调整 R^2	0. 102	0. 230	0. 126	0. 140
ΔR^2	0. 114 ***	0. 218 ***	0. 137 ***	0. 119 **
F 值	9. 889	10. 661	12. 215	3. 529
ΔF	9. 889 ***	16. 799 ***	12. 215 ***	9. 454 ***

注：† 表示 p < 0.1，＊表示 p < 0.05，＊＊表示 p < 0.01，＊＊＊表示 p < 0.001。

4.4.6.2　不同竞合战略中治理机制的有效性分析

本书主要借鉴刘等（Liu et al.，2009）、阿兰斯和德阿罗亚贝（Arranz and de Arroyabe，2012）的研究，采用两种方法对治理机制的有效性进行验证：一是使用关系临界测试，首先同时将两个变量放入模型，其次在此基础上删除其中一个变量，从而得到 3 个模型，比较这些模型解释的方差比例变化（ΔR^2），根据变化大小检验假设。二是进行了半偏相关分析，剔除其他相关因素的影响，检验自变量对因变量的独立贡献。

（1）纵向竞合中治理机制对企业创新能力影响作用分析。

从表 4.10 中可以看出，模型 1 主要检验控制变量对突破性创新的作用。模型 1 显示，资产专用性（模型 1，β = 0.245，p < 0.001）正向影响突破性创新。模型 2 加入了契约治理和关系治理，结果显示，契约治理和关系治理均正向影响突破性创新。模型 3 是控制变量、调节变量关系治理对突破性创新的回归模型（在模型 2 的基础上删除契约治理），模型 4 是控制变量、调节变量契约治理对突破性创新的回归模型（在模型 2 的基础上删除关系治理）。根据方差的变化情况可以得到，$\Delta R^2_{模型2-模型3} = R^2_{模型2} - R^2_{模型3} = 0.295 - 0.274 = 0.021$。$\Delta R^2_{模型2-模型3}$ 代表在纵向竞合中，契约治理可以解释的突破性创新的方差比例。$\Delta R^2_{模型2-模型4} = R^2_{模型2} - R^2_{模型4} = 0.295 - 0.207 = 0.088$。$\Delta R^2_{模型2-模型4}$ 代表

在纵向竞合中，关系治理可以解释的突破性创新的方差比例。由于 $\Delta R^2_{模型2-模型4} > \Delta R^2_{模型2-模型3}$，表明在纵向竞合中，运用关系治理比运用契约治理更能提升突破性创新。

模型 5 主要检验控制变量对渐进性创新的作用。模型 5 显示，研发投入、资产专用性正向影响渐进性创新。模型 6 加入了调节变量契约治理、关系治理，结果显示，契约治理和关系治理均正向影响渐进性创新。模型 7 是控制变量、调节变量关系治理对渐进性创新的回归模型（在模型 6 的基础上删除契约治理），模型 8 是控制变量、调节变量契约治理对渐进性创新的回归模型（在模型 6 的基础上删除关系治理）。根据方差的变化情况可以得到，$\Delta R^2_{模型6-模型7} = R^2_{模型6} - R^2_{模型7} = 0.323 - 0.298 = 0.025$。$\Delta R^2_{模型6-模型7}$ 代表在纵向竞合中，契约治理可以解释的渐进性创新的方差比例。$\Delta R^2_{模型6-模型8} = R^2_{模型6} - R^2_{模型8} = 0.323 - 0.263 = 0.06$。$\Delta R^2_{模型6-模型8}$ 代表在纵向竞合中，关系治理可以解释的渐进性创新的方差比例。由于 $\Delta R^2_{模型6-模型8} > \Delta R^2_{模型6-模型7}$，表明在纵向竞合中，运用关系治理比运用契约治理更能提升渐进性创新。综上，说明在纵向竞合中，运用关系治理比运用契约治理更能提高企业创新能力。进一步来看，由于 $\Delta R^2_{模型2-模型4} > \Delta R^2_{模型6-模型8}$，表明关系治理对突破性创新的促进作用强于渐进性创新。

表 4.10　　纵向竞合中治理机制对企业创新能力的回归分析结果

变量	突破性创新				渐进性创新			
	模型 1	模型 2	模型 3	模型 4	模型 5	模型 6	模型 7	模型 8
企业规模	0.112	0.080	0.093	0.077	0.081	0.054	0.067	0.052
研发投入	0.091	-0.015	0.027	-0.019	0.195*	0.106	0.145†	0.102
资产专用性	0.245***	0.069	0.077	0.157**	0.258***	0.119*	0.127**	0.185***
联盟类型	-0.083	0.027	0.015	-0.018	0.078	0.166	0.154	0.133
契约治理		0.197**		0.393***		0.187**		0.332***
关系治理		0.497***	0.630***			0.368***	0.494***	
调整 R^2	0.080	0.295	0.274	0.207	0.147	0.323	0.298	0.263

续表

变量	突破性创新				渐进性创新			
	模型 1	模型 2	模型 3	模型 4	模型 5	模型 6	模型 7	模型 8
ΔR^2	0.096***	0.218***	−0.024**	−0.089***	0.162***	0.179***	−0.027**	−0.062***
F 值	5.802	16.493	17.753	12.615	10.555	18.679	19.884	16.839
ΔF	5.802***	34.327***	7.526***	28.027***	10.555***	29.423***	8.992***	20.367***

注：†表示 $p < 0.1$，*表示 $p < 0.05$，**表示 $p < 0.01$，***表示 $p < 0.001$。

为了进一步验证以上分析结果，检验治理机制对企业创新能力的独立贡献，本书进行了半偏相关分析，在剔除其他相关因素影响的条件下计算变量间的相关性。从表 4.11 中相关系数平方可以看到，纵向竞合中，契约治理对突破性创新的贡献为 0.143，关系治理对突破性创新的贡献为 0.214，因此，相比契约治理，关系治理对突破性创新的影响更显著。同样地，契约治理对渐进性创新的贡献为 0.140，关系治理对渐进性创新的贡献为 0.181，因此，相比契约治理，关系治理对渐进性创新的作用更显著。而且关系治理对突破性创新的作用强于渐进性创新（0.214 > 0.181）。结合上述两种方法的验证结果可知，假设 3 得到验证。

表 4.11　　　　　　　　　纵向竞合中半偏相关分析

变量	突破性创新		渐进性创新	
	相关系数	相关系数平方	相关系数	相关系数平方
契约治理	0.378	0.143	0.374	0.140
关系治理	0.463	0.214	0.426	0.181
企业规模	0.124	0.015	0.130	0.017
研发投入	0.084	0.007	0.178	0.032
资产专用性	0.275	0.076	0.345	0.119
联盟类型	0.041	0.002	0.141	0.020

（2）横向竞合中治理机制对企业创新能力影响作用分析。

从表 4.12 中可以看出，模型 1 主要检验控制变量对突破性创新的作用。模型 1 显示，研发投入（模型 1，$\beta = 0.546$，$p < 0.001$）和资产专用性（模型 1，$\beta = 0.228$，$p < 0.01$）正向影响突破性创新。模型 2 加入了调节变量契约治理和关系治理，结果显示，契约治理和关系治理正向影响突破性创新。模型 3 是控制变量与调节变量关系治理对突破性创新的回归模型（在模型 2 的基础上删除契约治理），模型 4 是控制变量、调节变量契约治理对突破性创新的回归模型（在模型 2 的基础上删除关系治理）。根据方差的变化情况可以得到，$\Delta R^2_{模型2-模型3} = R^2_{模型2} - R^2_{模型3} = 0.452 - 0.422 = 0.03$。$\Delta R^2_{模型2-模型3}$ 代表在横向竞合中，契约治理可以解释的突破性创新的方差比例。$\Delta R^2_{模型2-模型4} = R^2_{模型2} - R^2_{模型4} = 0.452 - 0.392 = 0.06$。$\Delta R^2_{模型2-模型4}$ 代表在横向竞合中，关系治理可以解释的突破性创新的方差比例。由于 $\Delta R^2_{模型2-模型4} > \Delta R^2_{模型2-模型3}$，表明在横向竞合中，运用关系治理比运用契约治理更能提升突破性创新。但根据表 4.9 可知，横向竞合对突破性创新的直接影响不显著，因此，该结论不成立。

模型 5 主要检验控制变量对渐进性创新的作用。模型 6 加入了调节变量契约治理和关系治理，结果显示，契约治理和关系治理均正向影响渐进性创新。模型 7 是控制变量与调节变量关系治理对渐进性创新的回归模型（在模型 6 的基础上删除契约治理）。模型 8 是控制变量、调节变量契约治理对渐进性创新的回归模型（在模型 6 的基础上删除关系治理）。根据方差的变化情况可以得到，$\Delta R^2_{模型6-模型7} = R^2_{模型6} - R^2_{模型7} = 0.306 - 0.150 = 0.156$。$\Delta R^2_{模型6-模型7}$ 代表在横向竞合中，契约治理可以解释的渐进性创新的方差比例。$\Delta R^2_{模型6-模型8} = R^2_{模型6} - R^2_{模型8} = 0.306 - 0.213 = 0.093$。$\Delta R^2_{模型6-模型8}$ 代表在横向竞合中，关系治理可以解释的渐进性创新的方差比例。由于 $\Delta R^2_{模型6-模型7} > \Delta R^2_{模型6-模型8}$，表明在横向竞合中，运用契约治理比运用关系治理更能提升渐进性创新。综上说明，横向竞合中契约治理对渐进性创新的促进作用更显著。

表 4.12　　　　横向竞合中治理机制对企业创新能力的回归分析结果

变量	突破性创新				渐进性创新			
	模型 1	模型 2	模型 3	模型 4	模型 5	模型 6	模型 7	模型 8
企业规模	-0.021	0.008	0.021	-0.021	-0.061	-0.017	-0.014	-0.061
研发投入	0.546***	0.302*	0.317*	0.399**	0.154	-0.104	-0.101	0.043
资产专用性	0.228**	0.067	0.067	0.143†	0.138	-0.042	-0.042	0.073
联盟类型	0.235	-0.203	-0.081	-0.146	0.470†	0.096	0.119	0.182
契约治理		0.295*		0.521***		0.367**		0.502***
关系治理		0.444**	0.632***			0.255*	0.394**	
调整 R^2	0.229	0.452	0.422	0.392	0.056	0.306	0.150	0.213
ΔR^2	0.267***	0.225***	-0.035*	-0.063*	0.102*	0.254***	-0.155***	-0.068***
F 值	7.103	12.286	12.967	11.565	2.214	7.014	3.891	8.479
ΔF	7.103***	16.871***	5.277***	9.505***	2.214*	15.022***	18.264***	0.155***

注：† 表示 $p<0.1$，* 表示 $p<0.05$，** 表示 $p<0.01$，*** 表示 $p<0.001$。

同样采取半偏相关分析开展进一步验证。从表 4.13 中相关系数平方可以看到，横向竞合中，契约治理对突破性创新的贡献为 0.221，关系治理对突破性创新的贡献为 0.259，因此，相比契约治理，关系治理对突破性创新的作用更显著。与此相反，契约治理对渐进性创新的贡献为 0.282，关系治理对渐进性创新的贡献为 0.111，因此，相比关系治理，契约治理对渐进性创新的显著作用更大。但由于横向竞合对突破性创新的影响不显著，结合上述方法的验证结果可知，假设 4 得到部分验证。

表 4.13　　　　　　　　　横向竞合中半偏相关分析

变量	突破性创新		渐进性创新	
	相关系数	相关系数平方	相关系数	相关系数平方
契约治理	0.470	0.221	0.531	0.282
关系治理	0.509	0.259	0.333	0.111
企业规模	0.107	0.011	-0.008	0.000

续表

变量	突破性创新		渐进性创新	
	相关系数	相关系数平方	相关系数	相关系数平方
研发投入	0.411	0.169	0.127	0.016
资产专用性	0.286	0.082	0.215	0.046
联盟类型	0.216	0.047	0.253	0.064

4.5　研究结果讨论

随着外部环境的日益动态和不确定性，越来越多的企业选择采用竞合战略以适应企业外部环境的快速变化。对于高新技术企业而言，创新是提高其竞争优势的重要途径。企业如何通过构建和管理竞合战略提高创新能力，成为实践界和理论界面临的关键问题。基于此背景，本书整合竞合理论和动态关系观，建立了不同竞合战略治理和企业创新能力的理论模型，提出了 4 条研究假设，实证结果表明，3 条假设获得数据支持，另外 1 条假设得到了部分验证，接下来本书将对研究结果做进一步讨论。

4.5.1　不同竞合战略与企业创新能力

由于竞合战略和创新能力在本质上的不同属性，导致了不同竞合战略对不同创新能力的影响存在差异。本书的结论显示：相比横向竞合，纵向竞合的合作双方更倾向于突破性创新。相比纵向竞合，横向竞合的合作双方更倾向于渐进性创新。本书的结论与金塔纳和贝拉斯科（Quintana – Garcı'a and Benavides – Velasco，2004）、博肯和弗里德里希（Bouncken and Fredrich，2012）、博肯和克劳斯（Bouncken and Kraus，2013）、里塔拉和赛尼奥（Ritala and Sainio，2014）、博肯等（Bouncken et al.，2018）等的思想一致，更具体地，与金塔纳和贝拉斯科（Quintana – Garcı'a and Benavides – Velasco，2004)、博肯和弗里德里希（Bouncken and Fredrich，2012)、博肯和克劳斯（Bouncken and Kraus，2013）的研究结论相反，但却与里塔拉和赛尼奥（Ritala and Sainio，2014）的结论一致。不过却不同于他的研究视角，本书从竞合理论出发，更细致地划分联盟组合中的竞合战略，将不同竞合战略和不同创新能力置于一个研究框架，通过实证分析加强了之前的研究，这更加说明了竞合与创新能力之间关系的复杂性，强调了区分不同竞合战略和创新能力的重要性，也启示我们采取竞合战略管理的视角对竞合战略的创新困境进行更深入的剖析。

4.5.2　竞合治理对企业创新能力的作用

针对竞合战略的创新困境，本书进一步对竞合的治理展开研究。基于动态关系观，通过关注竞争的显性和隐性性质，本书认为不同竞合战略中的资源依赖性质和机会主义的风险程度决定了治理机制的有效性。纵向竞合中资源依赖性相对较强，机会主义风险相对较低，因此相比契约治理，运用关系治理更有利于创新能力，而且由于关系治理有助于企业获取异质性和隐性知识，针对突破性创新过程中的复杂性、不确定性等问题效果显著，所以，关系治理对突破性创新的作用强于契约治理。横向竞合中资源依赖性相对较弱，机会主义风险相对较高，而且由于渐进性创新涉及的创新任务相对简单和可预测，职责较容易界定，因此相比关系治理，运用契约治理更有利于渐进性创新。

综上所述，本书发现治理机制对于通过竞合战略提高企业的创新能力非常重要，这与博肯等（Bouncken et al.，2016)、亨和昌（Hung and Chang，2012)、吴（Wu，2014)、陈雨田（2012）的研究一致。而且契约治理和关系治理在一定条件下都是有效的，这与霍特克和梅勒维格特（Hoetker and Mellewigt，2009)、阿兰斯和德阿罗亚贝（Arranz and de Arroyabe，2012)、盖辛等（Gesing et al.，2015）学者的研究一致，但又不同于他们的研究视角。结合动态关系观和竞合理论，通过细颗粒度地透视竞合战略和创新能力，本书进一步拓展了治理机制有效性的研究情景，提出治理机制的有效性取决于联盟组合中不同的竞合战略和创新类型。值得强调的是，本书的研究结论与戴尔等（Dyer et al.，2018）的观点相一致，即在高度相互依赖的情况下，非正式机制对于有效治理通常是必不可少的。但本书并没有发现关系惯性的负面影响，可能是因为本书采取的研究方法所致，也有可能是企业采取了其他措施来防止了关系惰性的发展。

4.5.3　控制变量结果讨论

关于控制变量的实证结果也带给我们一些启示。例如，结果显示，企业规模的大小对突破性创新和渐进性创新并无显著影响，这与"熊彼特假设"相悖，该假设认为企业规模越大越有利于技术创新，大企业与技术创新具有线性正相关关系，也不同于谢雷尔（Scherer，1965），马卡姆（Markham，1965）等的研究，他们实证研究得出技术创新与企业规模呈倒"U"型关系。可见，企业规模与技术创新的关系还需要根据行业类型、创新类型等开展更深入细致的探索。关于研发投入对企业术创新的正向影响与大多数学者的研究一致，且研究投入对突破性创新的影响更显著（见表4.9），这符合创新理论以及突破性创新投入高的特征。另外，资产专用性也正向影响突破性创新和渐进性创新，特别是纵向竞合中，资产专用性对突破性创新和渐进性创新的影响更显著（见表4.10）。由此可知，纵向竞合中的资产专用性程度更高。而资产专用性程度越高，合作双方彼此之间的依赖性越强，关系治理的作用越明显，这也进一步加强了纵向竞合中关系治理的作用更显著的结论，与王兰等（2012）的研究一致。值得强调的是，联盟类型正向影响渐进性创新，但对突破性创新具有负向作用却不显著，这说明股权联盟有助于促进合作伙伴间紧密的知识整合，调整合作伙伴的利益并阻止机会主义行为，但也可能限制创新的灵活性。

4.6　本　章　小　结

在第 3 章的基础上，本章结合竞合理论和动态关系观，探讨了不同竞合战略对企业创新能力的影响，以及在合作和竞争强弱、创新程度高低的情景下如何开展联盟治理机制的选择，提出了不同竞合战略及其治理影响企业创新能力的概念模型，通过推导论证，本章提出了相应的 4 个假设，如表 4.14 所示，并通过 313 家企业的问卷调查，运用实证研究方法进行了假设检验，最后对研究结果进行了分析。

表 4.14　　竞合战略及其治理对企业创新能力的影响研究假设

作用关系	理论假设	验证结果
直接效应	假设 1：相比横向竞合，纵向竞合更有利于突破性创新	成立
	假设 2：相比纵向竞合，横向竞合更有利于渐进性创新	成立
治理机制的调节效应	假设 3：纵向竞合中，运用关系治理比运用契约治理更能提升企业创新能力，而且关系治理对突破性创新的作用强于契约治理	成立
	假设 4：横向竞合中，运用契约治理比运用关系治理更能提升企业创新能力，而且契约治理对渐进性创新的作用强于关系治理	部分成立

第 5 章

竞合治理、资源整合和企业创新能力的关系研究

5.1 理 论 模 型

第 4 章介绍了竞合战略及其治理对企业创新能力的影响，本章在此基础上进一步思考：竞合治理是如何创造价值的？它作用于企业创新能力的内部机理和过程机制如何？关于这一重要的问题现有研究还未给出答案。这是本书的第三个子研究，本章将围绕这个关键问题展开讨论。

如前文所述，不同的竞合战略为企业带来了多样的异质性资源，而这些资源本身并不能够产生价值，需要对其进行有效的管理以提升能力。根据资源编排理论，在动态的环境下，企业如何对资源进行编排组合和有效治理已成为企业竞争优势的来源。因此，本章将基于资源编排视角下的资源整合机制，探讨不同竞合战略治理对企业创新能力的作用机制，更具体地，考察不同竞合战略中，资源整合是否在契约治理和关系治理对突破性创新和渐进性创新的关系中起着中介作用。本部分的理论模型如图 5.1 所示。

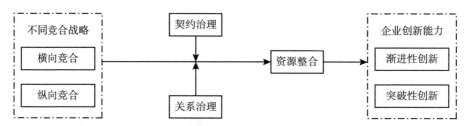

图 5.1 竞合治理、资源整合和企业创新能力的关系研究模型

5.2 假设提出

5.2.1 治理机制与资源整合

联盟组合中构建的竞合战略允许企业有机会获取丰富多样的资源，尤以知识、技术等创新所需的资源为重。一方面，资源具有累积性，企业通过合作汇集了多样的资源；另一方面，资源本身并不能带来效益，如果企业只是拥有或控制资源，而不能有效地将其利用起来以实现价值创造，那么资源的杠杆作用就无法体现，而这一切的前提就是对资源进行有效整合。作为一个动态复杂的过程，资源整合不仅包括单个企业内部资源的动态连接和整合，还包括企业之间资源的动态连接和整合。因此，资源、知识、技能等创新要素在空间和组织上的分散使得对整合的管理显得尤为重要。本书认为，良好的竞合战略有助于企业获取创新所需的资源，但针对联盟组合中不同的竞合战略，资源整合机制的复杂程度更高，因为其不仅涉及了不同类型的企业，还包括资源的多次转移，因此，资源的有效运用和整合需要一定程度上的组织保障，即资源整合的关键是规则的制定，而治理机制就是一种有效的整合规则，治理机制和资源整合的共同作用形成了高效的资源整合机制，在企业的资源管理过程中发挥着重要作用。

对于同时采取合作和竞争活动以对不同类型资源进行整合的企业组织而言，治理机制是最佳的制度选择。焦点企业从竞合双方间的关系性质出发，通过采取治理机制协调相关事宜，促进竞合成员之间的资源流动、整合和利用，防止企业间的机会主义行为，从而保证竞合战略的价值。具体来看，契约治理在资源整合过程中的作用主要通过正式的契约条文予以实现，焦点企业与供应商、客户、竞争对手可通过契约条款就特定的合作领域达到一致的协议，并清楚地界定违约行为和侵占利益的条款，通过具体的规则约束联盟双方的交易行为，从制度上遏制投机行为的产生。例如，企业有时面临的问题并不是缺乏某种资源，而是该种资源或能力不足以支撑其实现特定目标，双方都缺乏独立开发某项新技术或新产品的企业可以通过联盟进行资源增补。这时企业就需要与相关主体合作以获取同类资源，并就资源共享的内容、方式和范围等达成协议，从而通过资源组合进行价值创造。同样地，企业与供应商、客户间的契约保障了后者对合作关系尤其是资源的投入，使企业能够持续稳定地获取供应商的原材料、工艺技术和市场信息，以及客户的需求信息、市场信息和竞争者信息等，这些有形和无形资源有助于企业获取资源的互补性，从而有效整合市场特定知识和市场力量。而且，契约还通过规定不能将资源和知识泄露给第三方或企业的竞争对手限制并监控交易双方谋取额外租金的违约行为，从而有效化解机会主义风险。此外，契约治理还有助于协调联盟双方的工作投入和努力程度。通过规定沟通机制、信息共享机制，促进资源的流动、转移和共享。因此，契约治理不仅保障了合作的顺利开展，而且还有助于提高双方合作的承诺与意愿，有利于实现资源的组合，提升资源的应用能力。

关系治理对资源整合的促进作用主要体现在开放沟通、信息共享和信任方面。根据关系观，企业是嵌入在各种组织间关系中的，这导致企业间的交易行为不再仅局限为经济行为，开放沟通、信任、信息共享、协商解决问题等机制在企业间的交易过程中也起着重要作用。第一，开放的沟通和信息共享有助于联盟双方准确了解彼此的合作需求，降低机会主义风险。无论是哪种类型的竞合战略，建立后还需要投入精力进行维持和管理，使其良性发展，因此，企业与供应商、客户或竞争对手接触越频繁，沟通越开放，他们共享的信息就越多，因沟通不畅和信息不对称导致的资源供应不足、资源配置错位等问题就越少。如企业在进行新产品开发时，通过早期供应商和客户的共同参与可以减少设计缺陷，更好地满足客户需求，从而提高资源整合的效率。进一步地，联盟双方通过不断的重复互动逐渐达成了一致的价值观和行为标准，形成了特定的关系范式，这些关系范式一方面会对交易行为产生严格的约束，另一方面有助于发展良好的合作关系，而合作行为是组织间资源配置的相互容忍而实现的帕累托递进过程。第二，竞合双方的信任有助于提高企业之间信息共享和转移知识的意愿，促进资源的高度融合。信任是关系治理的核心机制，不同类型合作伙伴的资源具有专有性，互相信任的交易双方趋向沟通和理解，可快速实现不同资源的融合，以提高资源整合的运作效率。而且，信任可以提升联盟双方的互惠和承诺，与焦点企业建立良好的合作关系的合作伙伴将获得焦点企业更多的关注，这使得合作双方能够充分展示彼此的研发资源和技能，扩大了资源共享的范围。所以，关系治理的运用有助于促进企业的资源整合。因此，本章提出：在企业的竞合战略中，治理机制和资源整合的共同作用形成了高效的资源整合机制，从而提高了企业资源整合能力。

5.2.2 资源整合与企业创新能力

资源是能力的基础，资源整合是企业对获取的资源进行集聚以形成能力的过程。本书认为，有效的资源整合机制有利于促进企业创新能力的提升。理由如下：一方面，企业将从外部获取的不同类型的资源融入到企业自身的资源体系中，通过调整、丰富等方式，重新整合和构建组织资源，使它们互相匹配、相互补充，形成互补的资源组合，这有助于激活既有资源的潜在价值，提高企业的渐进性创新能力；另一方面，企业通过将外部获取的全新资源或资源之间的复杂交互产生的新资源进行创造性的整合规划，并加以重新配置和组合，可以形成企业独特的资源整合机制，助力企业获取竞争优势，进而提升企业的突破性创新能力。需要强调的是，已有文献也证实了资源整合对企业创新能力的中介或调节作用。例如，田立法等（2015）研究了资源整合能力的中介作用，他认为，企业的创新效果很大程度上是由资源整合能力的大小和有效性决定的。结果表明，资源整合能力在渐进式创新与突破式创新间发挥完全中介作用。古尔卡等（Gurca et al.，2016）通过电动汽车创业的案例研究发现，有效的资源整合促进了创业企业技术的突破性创新。葛宝山和王浩宇（2017）探讨了资源整合对创业企业创新的影响，结果表明，资源整合促进了创业企业的模仿性创新和突破性创新。因此，上述学者一致认为资源整合能够促进企业创新。综上所述，结合假设 1 和假设 2，本章提出假设 5 和假设 6。

假设 5：横向竞合中，资源整合在治理机制与渐进性创新的关系中具有中介作用，包括：

假设 5a：横向竞合中，契约治理正向影响资源整合，进而促进了渐进性创新；

假设 5b：横向竞合中，关系治理正向影响资源整合，进而促进了渐进性创新；

假设 6：纵向竞合中，资源整合在治理机制与突破性创新的关系中具有中介作用，包括：

假设 6a：纵向竞合中，契约治理正向影响资源整合，进而促进了突破性创新；

假设 6b：纵向竞合中，关系治理正向影响资源整合，进而促进了突破性创新；

5.3 研究方法

5.3.1 变量测量

本章节的自变量、调节变量和因变量的测量参考 4.3.2 节，此处不再赘述。资源整合是本书的中介变量，它的测量方法目前并不统一。例如，西蒙等（Sirmon et al.，2007）认为资源整合是企业获取所需资源后，将其进行集聚和改进，从而形成能力的过程，它包括 3 种方式：稳定调整的资源整合方式、丰富细化的资源整合方式、开拓创造的资源整合方式。蔡莉和尹苗苗（2009）在李垣开发的量表上加以调整，通过 3 个题项度量稳定调整的资源整合方式，3 个题项度量开拓创新的资源整合方式。董保宝等（2011）基于格鲁和董（Ge and Dong，2009）、马鸿佳等（2011）的研究，将资源整合划分为两大过程：资源识取和资源配置，分别用 4 个题项进行测量。彭伟和符正平（2015）更关注资源整合的过程，他们在已有研究的基础上采用 6 个题项测量资源整合。同样地，邓渝和黄小凤（2017）也强调焦点企业的资源整合过程，在西蒙等（Sirmon et al.，2007）、威克伦德和谢博德（Wiklund and Shepherd，2009）、彭伟和符正平（2015）的基础上，采用 6 个题项对资源整合进行测量。本书主要关注资源编排视角下的资源整合，聚焦于资源整合过程的作用，因此，根据已有学者的相关研究，资源整合采用 6 个题项进行测量（见表 5.1）。

表 5.1 资源整合测量

变量	测量题项	文献来源
资源整合	企业能够积累自身独特的资源	西蒙等（Sirmon et al.，2007）；威克伦德和谢博德（Wiklund and Shepherd，2009）；彭伟、符正平（2015）；邓渝、黄小凤（2017）
	企业能够有效运用行业全新的资源实现新的战略目标	
	企业能够开发新资源以便在新的业务领域中使用	
	企业能够从外部获取新资源以发展现有业务领域	
	企业能够充分利用现有资源扩展业务领域	
	企业能够利用新资源开发新产品或提供新服务	

5.3.2 分析方法

本书的数据来源于子研究四的问卷调查，并采用信效度检验、层次回归分析等方法对模型进行验证，分析方法的详细介绍可参见 4.3 节，此处不再赘述。

5.4　实　证　研　究

5.4.1　信度和效度检验

在进行假设检验之前，本书将运用 SPSS 17.0 和 Amos 24.0 两种软件对量表进行信度和效度分析。

5.4.1.1　信度检验

本书使用 Cronbach's a 系数检验以及修正后的项与总计相关性（CITC）对资源整合构念的信度进行检验。结果显示，资源整合的 Cronbach's a 系数为 0.783，并且所有题项的 CITC 值在 0.520～0.714，删除其他任何一个题项都将降低一致性指数，综合说明量表具有良好的内部一致性，信度较好，详细结果如表 5.2 所示。

表 5.2　　资源整合的信度检验结果

变量	题项	CITC	删除项后的 Cronbach'α 系数	Cronbach'α 系数
资源整合（RC）	RC1	0.520	0.750	0.783
	RC2	0.545	0.765	
	RC3	0.628	0.725	
	RC4	0.714	0.701	
	RC5	0.550	0.768	
	RC6	0.706	0.704	

5.4.1.2　效度检验

通过采用 SPSS 17.0 和 Amos 24.0 两种软件，本书将从内容效度、聚合效度、区别效度三个维度对资源整合的效度进行检验。第一，资源整合的测量题项来自经典文献中的成熟量表，并经多位学者验证，问卷设计过程中也与多位专家进行了研讨，因此具有较好的内容效度。第二，经过 KMO 值和 Bartlett 检验。结果显示，资源整合的 KMO 值为 0.710，Bartlett 球形检验显著，累计解释方差百分比 68.926%，符合标准，说明适合作探索性因子分析。聚合效度方面，资源整合的因子载荷值在 0.702~0.908 之间，CR 值为 0.931，均符合标准。平均变异抽取值（AVE）值为 0.695，达到了要求，表明量表的聚合效度较好。进一步进行验证性因子分析，结果显示，资源整合的 χ^2/df 值小于 3，RMSEA 值小于 0.08，NFI 值为 0.939，CFI 值为 0.944，GFI 值为 0.949，均符合标准要求，说明该量表构建效度较好。区分效度方面，AVE 的平方根均大于资源整合与其他变量的相关系数，表明量表具有较好的区别效度（见表 5.3）。

表 5.3　　　　　　　　资源整合的因子载荷、CR 值、AVE 值分析

变量	题项	因子载荷	CR	AVE	拟合指标/路径系数
资源整合（RC）	RC1	0.703	0.931	0.695	$\chi^2/df = 2.621$ RMSEA = 0.063 NFI = 0.939 CFI = 0.944 GFI = 0.949
	RC2	0.702			
	RC3	0.881			
	RC4	0.883			
	RC5	0.908			
	RC6	0.896			

5.4.2　描述和相关分析

运用 SPSS 17.0 对各变量进行描述性统计。从表 5.4 中可以看出，纵向竞合中，契约治理与资源整合、关系治理与资源整合，以及资源整合对企业两类创新都呈现显著相关关系。横向竞合中，契约治理与资源整合、关系治理与资源整合，以及资源整合对企业两类创新也呈现显著

相关关系。说明适合进行回归模型检验。

表 5.4　　　　　各变量的均值、标准差、相关系数（中介效应）

变量	均值	标准差	1	2	3	4	5	6	7	8
纵向竞合（N－223）										
1 企业规模	2.59	0.900								
2 研发投入	2.41	0.650	0.324**							
3 联盟类型	0.82	0.388	−0.035	0.156*						
4 资产专用性	5.12	1.092	−0.022	−0.031	0.242**					
5 契约治理	5.72	0.904	0.149*	0.210**	0.022	0.243**				
6 关系治理	5.55	0.711	0.061	0.078	0.027	0.384**	0.564**			
7 资源整合	5.34	0.904	0.096	0.097	0.018	0.150*	0.482**	0.529**		
8 突破性创新	5.29	0.929	0.124	0.084	0.041	0.275**	0.436**	0.524**	0.445**	
9 渐进性创新	5.66	0.823	0.130	0.178**	0.141*	0.345**	0.451**	0.506**	0.361**	0.219**
横向竞合（N－83）										
1 企业规模	2.76	0.790								
2 研发投入	2.19	0.772	0.257*							
3 联盟类型	0.80	0.406	−0.004	0.127						
4 资产专用性	4.87	1.242	0.062	−0.032	0.252*					
5 契约治理	5.62	0.920	0.073	0.271*	0.409**	0.295**				
6 关系治理	5.36	0.868	0.045	0.326**	0.367**	0.410**	0.520**			
7 资源整合	5.36	0.691	0.014	0.022	0.163	0.346**	0.452**	0.412**		
8 突破性创新	5.24	1.024	0.107	0.411**	0.216	0.286**	0.576**	0.636**	0.441**	
9 渐进性创新	5.49	0.986	−0.008	0.127	0.253*	0.215	0.431**	0.589**	0.258*	0.307**

注：＊表示 $p < 0.05$，＊＊表示 $p < 0.01$（经由 t 值双尾检测）。

5.4.3　层次回归分析

对于中介效应的检验，本书将运用层次回归分析方法完成，主要借鉴巴伦和肯尼（Baron and Kenny，1986）、温忠麟等（2004）的研究，按照以下三个步骤进行。

（1）检验自变量对因变量的回归系数，如果显著，继续第二步。

（2）进行部分中介检验，依次检验自变量对中介变量的回归系数、中介变量对因变量的回归系数，如果都显著，意味着自变量对因变量的影响至少有一部分是通过中介变量实现，继续第三步；如果至少一个不显著，则进行 Soble 检验。

（3）加入中介变量后，检验自变量对因变量的系数是否依然显著，如果不显著，说明是完全中介过程，即自变量对因变量的影响都是通过中介变量实现的。如果显著，说明只是部分中介过程，即自变量对因变量的影响只有一部分是通过中介变量实现的。检验结束。

5.4.3.1　横向竞合中资源整合的中介效应分析

从表5.5中可以看出，第一，模型3显示契约治理（模型3，$\beta = 0.367$，$p < 0.01$）、关系治理均与渐进性创新显著正相关（模型3，$\beta = 0.255$，$p < 0.05$）。第二，契约治理（模型2，$\beta = 0.259$，$p < 0.05$）、关系治理（模型2，$\beta = 0.126$，$p < 0.05$）正向影响资源整合。资源整合也正向影响渐进性创新（模型4，$\beta = 0.268$，$p < 0.05$）。第三，加入资源整合后，契约治理（模型5，$\beta = 0.266$，$p < 0.01$）、关系治理（模型5，$\beta = 0.205$，$p < 0.1$）依然与渐进性创新显著正相关，而且影响程度有所减弱（契约治理的回归系数 β 值从 0.367 下降至 0.266，关系治理的回归系数 β 值从 0.255 下降至 0.205），表明横向竞合中，资源整合分别在契约治理与渐进性创新、关系治理与渐进性创新的关系中起着部分中介作用，假设5得到验证。

表5.5　　　　　　横向竞合中资源整合的中介效应回归分析结果

变量	资源整合		渐进性创新		
	模型1	模型2	模型3	模型4	模型5
企业规模	−0.011	−0.002	−0.017	−0.058	−0.017
研发投入	0.023	−0.096	−0.104	0.148	−0.103
资产专用性	0.183 **	0.108 †	−0.042	0.089	−0.043

续表

变量	资源整合		渐进性创新		
	模型 1	模型 2	模型 3	模型 4	模型 5
联盟类型	0.130	−0.122	0.096	0.435	0.097
契约治理		0.259*	0.367**		0.266**
关系治理		0.126*	0.255*		0.205†
资源整合				0.268*	0.012†
调整 R^2	0.082	0.217	0.306	0.076	0.256
ΔR^2	0.127*	0.148**	0.254***	0.031*	0.224*
F 值	2.828	4.786	7.014	2.358	5.934
ΔF	2.828*	7.726***	15.022***	2.740*	3.030***

注：†表示 $p<0.1$，＊表示 $p<0.05$，＊＊表示 $p<0.01$，＊＊＊表示 $p<0.001$。

5.4.3.2　纵向竞合中资源整合的中介效应分析

本书严格按照上述步骤进行检验。如表 5.6 所示，第一，模型 3 显示契约治理（模型 3，$\beta=0.197$，$p<0.01$）、关系治理正向影响突破性创新（模型 3，$\beta=0.497$，$p<0.001$）。第二，契约治理（模型 2，$\beta=0.269$，$p<0.001$）、关系治理（模型 2，$\beta=0.515$，$p<0.001$）正向影响资源整合。且资源整合正向影响突破性创新（模型 4，$\beta=0.413$，$p<0.001$）。第三，加入资源整合后，契约治理（模型 5，$\beta=0.142$，$p<0.05$）、关系治理（模型 5，$\beta=0.392$，$p<0.01$）依然与突破性创新显著正相关，而且影响程度有所减弱（契约治理的回归系数 β 值从 0.197 下降至 0.142，关系治理的回归系数 β 值从 0.497 下降至 0.392），假设 6 得到支持，表明在纵向竞合中，资源整合分别在契约治理与突破性创新、关系治理与突破性创新的关系中起着部分中介作用。

表 5.6 纵向竞合中资源整合的中介效应回归分析结果

变量	资源整合		突破性创新		
	模型 1	模型 2	模型 3	模型 4	模型 5
企业规模	0.071	0.032	0.080	0.082	0.073
研发投入	0.117	−0.009	−0.015	0.042	−0.013
资产专用性	0.134*	−0.062	0.069	0.189**	0.082
联盟类型	−0.073	0.050	0.027	−0.052	0.016
契约治理		0.269***	0.197**		0.142*
关系治理		0.515***	0.497***		0.392***
资源整合				0.413***	0.205**
调整 R^2	0.021	0.316	0.295	0.234	0.319
ΔR^2	0.039*	0.296***	0.218***	0.155***	0.089***
F 值	2.190	18.126	16.493	14.586	15.877
ΔF	2.190**	48.105***	34.327***	45.032***	14.551***

注：*表示 $p < 0.05$，**表示 $p < 0.01$，***表示 $p < 0.001$。

5.5 研究结果讨论

创新需要大量异质性和互补的资源，企业通过联盟的方式使其有机会获取有价值的资源，但只有对资源的有效识取和配用才能实现创新目标，因此整合资源已成为企业构建综合能力、提升核心竞争力的基础。广泛地获取各类外部资源并对其进行不同类型的整合是焦点企业构建联盟组合的主要动因之一，这使得资源整合过程成为企业提升创新能力的一个关键作用机制。因此，本章基于资源编排视角下的资源整合机制，构建了"竞合战略—治理机制—资源整合—创新能力"的概念模型，深入剖析了不同竞合战略治理对企业创新能力的过程机制，提出了基于竞合战略的资源整合机制，包含资源获取、资源整合和资源利用三个环节，如图5.2所示。接下来本部分将对该机制进行进一步分析与讨论。

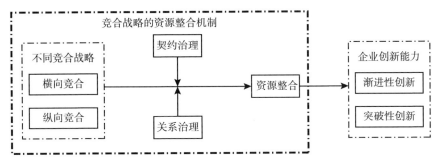

图 5.2　基于竞合战略的资源整合机制

5.5.1　基于竞合战略的资源获取

资源是能力的基础，有效地识别和获取资源是资源整合的起点。不同的竞合战略涉及合作伙伴不同规模和类别的资源，为企业同时提供了横向和纵向的价值链资源，分别满足了企业渐进性创新和突破性创新的资源需求。横向竞合中，企业可以通过竞争对手的策略和行为识别行业和市场等方面的信息，洞察行业机会，把握客户需求，并通过合作补充资源，改进产品，获取规模效应。纵向竞合中，通过与供应商和客户的互动和交流，企业可以获取产品研发和技术创新的关键信息，为创新活动的开展奠定基础。

5.5.2　竞合治理与资源整合

企业从不同竞合战略中获得了创新所需的知识、技术等资源，但需对其进行有效整合才能实现价值创造。实证研究显示，在两种竞合战略中，契约治理和关系治理都正向影响企业的资源整合，但影响程度有所差异。横向竞合中，契约治理对资源整合的影响更显著；纵向竞合中，关系治理对资源整合的影响更显著。这表明作为一种有效的整合规则，治理机制在资源的有效整合过程中起着关键的作用，构建了基于竞合战略的资源整合机制，其主要通过以下两个方面发挥作用：一方面，治理机制的有效运用减少了竞合战略中的紧张和冲突，有助于构建良性的竞合战略，这种关系为资源的整合创造了有利条件；另一方面，采用适宜的治理机制保障了资源整合过程的有效性。具体地，契约治理通过具体的规则和制度界定了双方的权利和义务，保证了资源投入，防范了机会主义风险。关系治理通过开放沟通、信息共享和信任等形成关系规范，促进了知识和信息转移。

5.5.3 资源整合与企业创新

这个过程体现了资源的利用。实证结果表明，两种竞合战略中，治理机制和资源整合的共同作用形成了高效的资源整合机制，从而提高了企业的创新能力。具体地，横向竞合中，企业通过契约治理和关系治理促进了资源整合，进而提高了渐进性创新能力，且契约治理的作用更显著；纵向竞合中，企业通过契约治理和关系治理促进了资源整合，进而提高了突破性创新能力，且关系治理的作用更显著。本书通过结合竞合理论和动态关系观，聚焦资源编排下的资源整合和治理两个关键要素，探讨了它们共同组成的资源整合机制对管理竞合战略的重要作用。

已有关于竞合的研究主要关注竞合战略或行为、管理策略等对绩效的直接影响，但缺乏对竞合与结果变量之间的作用机理和具体过程方面的研究。邓渝和黄小凤（2017）指出，要将资源整合转化为收益，就必须考虑企业对资源的动态管理。本书结果揭示了竞合治理通过影响焦点企业的资源整合有效性而提高企业创新能力的作用机理。一方面，本书从资源编排的视角打开了竞合治理与企业创新能力间关系的黑箱，突出了资源整合机制这一重要的过程路径，有效响应了勒罗伊等（Le Roy et al.，2016）关于探索竞合战略与创新过程的呼吁，拓展了博肯等（Bouncken et al.，2016）的研究，剖析了竞合治理与企业创新能力之间的过程机制，即在企业的竞合战略中，资源整合的关键是规则的制定，而治理机制就是一种有效的整合规则，治理机制和资源整合的共同作用形成了高效的资源整合机制，促进了企业创新能力的提升。这一结论与彭伟和符正平（2015）、邓渝和黄小凤（2017）、王国红等（2020）的结果一致，都论证了资源整合的中介作用。还与许晖和张海军（2016）的研究结论类似，都强调了资源编排对提高企业创新能力的重要性。值得强调的是，透过数据我们可以看到，纵向竞合中，资源整合对治理机制与突破性创新之间的中介效应更显著，这也与邓渝和黄小凤（2017）的研究相吻合，更加强调了企业在通过竞合治理促进突破性创新的过程中，资源整合这一关键作用机制的重要性。另一方面，也贡献于资源编排方面的文献，本书与刘新梅等（2017）的研究思路类似，但视角不同，基于竞合和动态关系观，通过聚焦资源编排框架中的具体要素，提出了基于竞合战略的资源整合机制，呼应了西蒙等（Sirmon et al.，2011）的研究，采用实证的方法考察了整合资源管理框架和资产编排框架的价值，深化和拓展了对资源动态管理过程的前因研究，从竞合治理的视角为资源整合提供了新的路径。

5.6　本章小结

本章基于资源编排视角下的资源整合机制，构建了"竞合战略—治理机制—资源整合—创新能力"的概念模型，分析了竞合治理与企业创新能力间的过程机理，提出了资源整合中介效应的相关假设，如表5.7所示，并运用实证研究检验了假设，最后对比研讨了研究结果。

表 5.7　　竞合治理、资源整合和企业创新能力的关系研究假设

作用关系	理论假设	验证结果
资源整合的 中介效应	假设5：横向竞合中，资源整合在治理机制与渐进性创新的关系中具有中介作用	成立
	假设5a：横向竞合中，契约治理正向影响资源整合，进而促进了渐进性创新	成立

续表

作用关系	理论假设	验证结果
资源整合的中介效应	假设5b：横向竞合中，关系治理正向影响资源整合，进而促进了渐进性创新	成立
	假设6：纵向竞合中，资源整合在治理机制与突破性创新的关系中具有中介作用	成立
	假设6a：纵向竞合中，契约治理正向影响资源整合，进而促进了突破性创新	成立
	假设6b：纵向竞合中，关系治理正向影响资源整合，进而促进了突破性创新	成立

第6章

竞合治理对资源整合的影响机制研究

6.1　理论模型

　　根据第 4 章和第 5 章的实证检验，本书对联盟组合中不同竞合战略的治理与企业创新能力的关系有了清晰地认识，并逐步打开了不同竞合战略治理对企业创新能力作用机制的黑箱。基于竞合战略的创新困境，学者们强调竞合战略并不总是有利的，竞合战略能否创造价值还取决于重要的情景因素。基于此，本章将引入管理竞合战略的另一个关键要素：竞合能力。虽然目前针对竞合能力的研究日益受到重视，但鲜有文献探讨其与资源整合的关系，以及从竞合能力和竞合治理的维度探讨竞合战略的管理。因此，本书将结合这两个维度系统地考察制度和能力这两种策略的有效性。进一步来看，引入动态环境特征变量，探讨这一作用机制在动态环境下的影响机制，考察不同动态环境特征对竞合治理与资源整合、竞合能力与资源整合间关系的二次调节作用，开展第四个子研究。本章的理论模型如图6.1 所示。

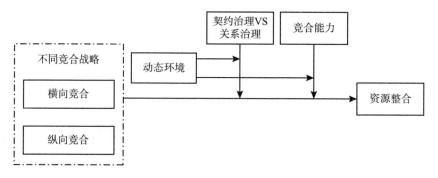

图 6.1　竞合治理对资源整合的影响机制研究模型

6.2　假设提出

6.2.1　竞合能力对资源整合的作用

上文已指出，每家企业都具有对方所缺的资源，这促使了双方开展合作和竞争。尽管这种合作有助于分担成本、降低风险和不确定性，提高创新绩效，但它也会带来消极的结果，这表明一些公司可能比其他公司更有能力管理竞合以及由此产生的紧张关系。已有学者将这种能力定义为竞合能力。如前文所述，竞合能力是指矛盾地思考和实施过程的能力，它是一种难以模仿的高层次能力，必须通过经验来构建，它在企业管理竞合战略的过程中发挥着重要的作用。

本书认为，竞合能力的提高将促进企业的资源整合，这种促进作用主要通过降低竞合中的紧张关系来实现。第一，竞合能力强的企业更可能具有双元思维，它们可以更准确和清晰地了解竞合战略中的矛盾需求，并能通过对复杂性的认知和深入的分析适应矛盾需求，帮助企业更平衡地发展竞合战略，降低紧张关系对绩效的有害影响，更好地配置资源。例如，本特松等（Bengtsson et al.，2016）通过对瑞典多行业企业的研究表明，竞合能力调节了竞合强度和紧张关系，较高的竞合能力有助于企业减少合作竞争对紧张关系的影响。类似地，拉孔－乌拉

（Raza – Ullah，2017a）研究表明，竞合能力负向调节竞合对管理者体验到的矛盾紧张的强正向影响，同时正向调节矛盾紧张对联盟绩效的负向影响。威廉和西多（Wilhelm and Sydow，2018）通过对全球汽车行业的多个案例研究表明，竞合能力可以避免紧张关系和无效冲突的消极动态。

第二，虽然每个企业都拥有异质性的资源，但每个企业自身的内部能力对参与企业创造更大的共同利益并从中分得更大的利益起着重要作用。例如，通过分析索尼和三星之间的合作竞争，格纳瓦利和帕克（Gnyawali and Park，2011）指出，三星公司竞合的心态和竞合驱动的内部结构，使三星能够有效地与索尼进行合作竞争，并从中获得了巨大的利益。具备较高竞合能力的企业能够更好地发展管理竞合战略的过程、惯例和文化，这些流程和惯例有助于管理者根据竞合战略的变化调整资源配置策略，协调资源组合，科学编排资源，发挥资源的价值，从而迅速满足变化的需求。综上所述，本书提出如下假设：

假设 7：纵向竞合中，竞合能力与资源整合显著正相关。

假设 8：横向竞合中，竞合能力与资源整合显著正相关。

6.2.2　动态环境的二次调节作用

作为反映外部环境特征的广泛而重要的变量，环境的不确定性和动态性影响了资源组合中所需的资源类型和数量，进一步影响了资源和能力的潜在价值，导致了资源整合过程发生变化。而且，随着外部环境的波动增加，联盟伙伴间合作和竞争的相互作用也在发生变化，进而对企业竞合战略的管理提出新的挑战，而现有文献针对动态环境下如何管理竞合战略的研究还比较缺乏。因此，本书认为，作为动态环境的两个主要维度，在不同竞合战略中，环境动态性的两个维度，技术波动和竞争强度创造了差异的边界条件，对联盟治理与资源整合、竞合能力与资源整合的关系具有重要的影响。

6.2.2.1 技术波动的调节作用

技术波动是指产业技术变革和发展的速度。当前，全球正在经历一场深刻的技术变革，前沿技术和新技术的出现和发展已成为常态，它们正以越来越快的速度渗透到产业、社会和国家发展的各个领域，并在企业经营中发挥着更加重要的作用。数字技术、物联网、云技术以及人工智能技术被越来越多的企业关注和应用。对于企业而言，一方面，技术波动引发的技术不确定性将导致企业的经营风险加大，在动态的技术环境中，市场中顾客的需求瞬息万变，可能导致企业现有的技术知识加速过时，从而引发企业的生存危机。而且，对技术前景、效果、周期等的不确定性增加了企业的沟通成本和交易风险。另一方面，技术波动也带来了更多的新机会和新知识。特别是对高新技术企业而言，不断变化的技术需求使它们更倾向于依赖外部技术开发新技术和新产品，因此技术波动创造了有利于合作的环境。企业可通过外部合作发现技术的发展趋势，把握机遇，并通过获取更多的技术知识等创新资源，结合已有的资源基础调整资源结构，进行合理配置，提高内外部资源的组合效率。

相反，高波动性的技术环境可能会极大地影响成熟行业配置的有效性，导致了行业竞争格局的动态性，行业界限将竞争格局变得模糊，行业的结构呈现模糊性。由于新兴的技术使一些公司成为新的技术领导者，而其他技术陈旧的公司则被取代，竞争态势将会发生重大变化。此时，原有竞争对手之间的联系更加模糊，以往的合作或信任也会受到挑战，因为竞争格局发生了变化，企业与原有竞争对手间合作关系的重要性降低。因此，本书认为技术波动在纵向竞合中的调节作用强于横向竞合，基于此，本书提出假设9，并在接下来的内容中分别阐述纵向竞合中技术波动对竞合能力与资源整合、联盟治理与资源整合间的调节作用。

假设9：相比横向竞合，技术波动在纵向竞合中的二次调节作用更显著。

（1）技术波动对竞合能力与资源整合间关系的调节作用。

技术波动的加快使企业间的竞合战略更加动态化，合作和竞争的相互作用随之发生变化，这将使企业面临不同程度和类型的矛盾情况，促使企业有效地平衡矛盾需求。首先，企业可以采取策略对合作和竞争的范围和内容作出及时调整，选择何时进行合作、与谁合作、在哪些领域进行合作和竞争以及如何改变合作和竞争的程度等。在作出这些决策的过程中，通过对矛盾复杂性的认识和分析，企业的竞合思维得以锻炼。其次，通过与不同类型伙伴的竞合实践，企业可以不断摸索总结出沟通协调的技巧、有效的管理策略等，使其能够完成多重和冲突的角色与任务，并根据需求获取资源，改进和更新自身的资源体系。最后，执行战略举措的过程使企业能够形成和发展一套处理不同程度合作和竞争的流程和惯例，也使企业内部逐渐培养竞合的文化，这些都将使企业积累丰富的竞合经验。通过平衡不同类型的竞合战略，企业增加了获取资源的范围和途径，进一步促进了资源的有效配置和整合。因此，本书提出假设。

假设9a：纵向竞合中，技术波动正向调节竞合能力与资源整合间的关系更显著。

（2）技术波动对治理机制与资源整合间关系的调节作用。

合作的增加使企业间的交易风险也随之提高，导致合作双方会加强或减弱联盟治理以降低机会主义风险。在不确定的环境中，由于难以准确预见企业及合作伙伴的战略方向和资源需求，联盟双方需要灵活地处理交易关系。因此，企业更倾向于选择灵活且易于调整的契约条款，避免设置硬性的条款，而是预留一定的调整余地，根据实际情况调整契约内容的适用范围，使契约灵活而富有弹性。例如，波波和曾格（Poppo and Zenger，2002）研究表明，企业应选择宽松的契约治理方式以应对较高的技术不确定性。而随着技术波动性的加快，关系治理可以有效协调联盟双方的合作关系，通过开放沟通、信息共享等使关系规范和信任得到进一步发展。关系规范是社会中的行为规则和标准，它有助于联盟双方形成共同的价值和观念，保证了双方的行为一致性，提高了持续合作的意愿。信任是有助于组织间关系稳定的关键因素，越是在波动的环境中，联盟双方越需要建立共同的利益目标，强化合作的好处，通过调整资源配置并将其投入到新技术的研发上，降低不确定带来的风险。因此，相比契约治理，关系治理在不确定的环境中作用更显著。例如，阿兰斯和德阿罗亚贝（Arranz and de Arroyabe，2012）、盖辛等（Gesing et al.，2015）研究指出，当不确定性很高时，公司倾向于依赖关系的、自我执行的治理模式。进一步地，博肯等（Bouncken et al.，2016）通过研究垂直竞合联盟的治理表明，单一使用关系治理促进了产品的创新性，而契约的单一使用降低了产品的创新性。因此，本书提出如下假设：

假设9b：纵向竞合中，技术波动负向调节契约治理与资源整合间的关系更显著。

假设9c：纵向竞合中，技术波动正向调节关系治理与资源整合间的关系更显著。

6.2.2.2 竞争强度的调节作用

竞争强度是指企业在产品市场中面临的竞争压力的强烈程度，它受到竞争者数量、潜在进入者、竞争对手的行动等要素的影响。转型经济时期，竞争日趋激烈已成为中国市场的主要特征之一。外部竞争环境对以技术为基础的行业的竞争动态具有实质性的影响。当外部环境竞争强度低时，企业在所处行业中具有较高的市场地位或该行业进入壁垒较高，客户选择范围小，企业面临的创新压力较小。

随着竞争强度的不断加剧，现有市场发展机会减少。一方面，联盟双方为了避免知识和技术泄漏，保持其市场地位，可能会减少知识和技术的转移，这将导致企业能够获取的资源减少；另一方面，企业会积极采取竞争战略以争夺市场份额，获取更大的私有利益。如企业基于自身的资源和能力基础，采取差异化战略选择利基市场，进一步挖掘现有技术和产品的细分领域，或通过低成本和聚焦战略降低成本、聚焦某一领域以获取利润，这三种战略都需要不同的资源类型以及资源整合规则和方式。例如，以出行行业为例，在网约车平台进入出行市场之前，出租车是人们出行的主要交通工具，由于可供选择的出行工具少，该行业一度缺乏竞争或竞争不充分，致使行业服务质量不断下降，乘客体验感差。自2014年以来，随着各大网约车平台纷纷进入出行市场，出行行业竞争强度不断提高，"价格战""补贴战"愈演愈烈，如今已初步形成了"多足鼎立"的竞争格局。其中，滴滴出行业务范围最广，涵盖了出行领域的大部分场景，这得益于其自身的流量、大数据、运营和渠道网络等资源；嘀嗒拼车专注于出租车和顺风车这两项出行服务，其资源及整合优势主要体现在出租车相关方面；美团打车专注于聚合模式，其需要更多的供应商资源并进行整合。每一种资源的组合都代表了一种价值创造机制。由此可知，竞争强度的变化将改变企业资源配置的方式，促使企业进一步提高资源整合能力。

进一步来看，市场的重叠度和资源的相似性驱动了竞争。与竞争对手的合作相比，企业与供应商、客户的市场重叠度和资源相似性都比较低，因此，相比纵向竞合，横向竞合对市场竞争的影响更为敏感，即竞争强度在横向竞合中的调节作用强于纵向竞合。基于此，本书提出假设10，并在接下来的内容中分别阐述竞争强度对竞合能力与资源整合、治理机制与资源整合间的调节作用。

假设10：相比纵向竞合，竞争强度在横向竞合中的二次调节作用更显著。

（1）竞争强度对竞合能力与资源整合间关系的调节作用。

当外部环境竞争强度较高时，联盟双方合作重心可能倾向于抢占资源和市场，这将使竞合中的紧张关系更加突出，从而促使企业采取措施以平衡竞合战略。首先，通过深入剖析竞争格局，能够促使企业理解为什么是合作和竞争，并根据自身的发展战略，灵活选择合作和竞争的时机和业务领域，帮助企业在不损害预期目标的情况下平衡相互冲突的需求。其次，竞争强度的加剧驱动企业发展替代方案以规避风险，例如，选择其他合作伙伴，或制定一套可供使用的备选战略，从而降低竞争的负面影响。最后，在高压情景下的竞合实践将使企业的矛盾思考能力得以培养，也使企业在管理相似的竞合战略时更有经验。平衡的竞合战略也使合作双方更加关注合作的需求，促进了资源的转移和配置，从而使企业能够充分利用内外部资源进行有效资源整合。因此，本书提出如下假设。

假设10a：横向竞合中，竞争强度正向调节竞合能力与资源整合间的关系更显著。

（2）竞争强度对治理机制与资源整合间关系的调节作用。

竞争强度的增加容易导致合作双方的机会主义风险，根据关系观，需要采取有效的治理机制以防范风险。焦点企业可以通过正式的契约界定合作内容和范围，建立严密的交易系统，监督交易过程的实施，并制定价值分配的规则以协调和解决冲突。值得强调的是，企业可通过事前评价和事后评价的方式规避交易风险，事前评价主要集中在合作伙伴的可靠性方面，事后评价主要关注合作伙伴的履约情况。而当竞争强度较高时，企业的生存压力也迅速增大。例如，互联网行业的高速发展加剧了行业内竞争，行业竞争格局和态势不断发生变化，而且还不乏新的进入者，可见，动态竞争是互联网行业的主要特征，这导致企业的寿命迅速缩短，传统行业中一些大公司的平均寿命可达 80 年以上，但互联网企业的寿命大都在 10 年左右。因此，竞争的加剧会导致企业更加关注短期利益，由于关系治理的建立需要在重复交互过程中形成，需要投入一定的时间和资源，导致其耗时且效果弱于契约治理。在瞬息万变的环境中，随着中国多重制度的不断完善，契约机制为焦点企业与竞争对手的合作提供了有约束力的原则、一般程序和主要责任，从而激励其进行价值创造并产生关系租金。因此，本书提出如下假设。

假设 10b：横向竞合中，竞争强度正向调节契约治理与资源整合间的关系更显著。

假设 10c：横向竞合中，竞争强度负向调节关系治理与资源整合间的关系更显著。

6.3　研究方法

6.3.1　变量测量

6.3.1.1　竞合能力

竞合能力是本书的调节变量。关于竞合能力的研究才刚起步，一些学者对竞合能力的测量进行了初步探索。格纳瓦利和帕克（Gnyawali and Park，2011）认为竞合能力包括竞合心态、竞合经验、资源和能力。进一步来看，格纳瓦利等（Gnyawali et al.，2012）提出了管理合作竞争和由此产生的紧张关系的分析和执行能力。分析能力指的是对矛盾情况有清晰而准确的理解的能力，执行能力指的是企业日常事务的发展、实施和利用。本特松等（Bengtsson et al.，2016）将竞合能力定义为矛盾思考和实施过程的能力，发展并提出了竞合能力的概念，以同时追求两种矛盾逻辑和相互作用的能力来衡量，开发了 4 个题项进行测量，包括：（1）理解什么时候和为什么合作和竞争是有益的且很重要；（2）发展替代战略来管理合作和竞争很重要；（3）要根据关系不断改变范围和内容很重要；（4）在不损害关系的情况下平衡矛盾的需求很重要，该量表的实证检验结果较好，显示出了良好的信度和效度。进一步来看，本特松等在其 2020 年最新的文章中也采用了此量表衡量竞合能力，竞合能力的 Cronbach'α 系数为 0.89，基于验证性因子分析的四个观察指标的拟合也比较合理，其信度和效度得到了再次验证。基于此，本书在本特松等（Bengtsson et al.，2016）的基础上结合实际以及中国的表达习惯对量表进行了调整。本书认为，本特松等对竞合能力的测量更偏向于"感觉"和"认知"，而"知道"并不意味着"做到"，感受到某项能力的重要性并不等同于具备了该项能力，因此，本书对竞合能力的测量主要围绕企业是否具有该项能力展开，具体题项如表 6.1 所示。

表 6.1　　　　　　　　　　　　　竞合能力测量

变量	测量题项	文献来源
竞合能力	企业能够理解什么时候和为什么进行合作和竞争	格纳瓦利和帕克（Gnyawali and Park，2011）；格纳瓦利等（Gnyawali et al.，2012）；本特松等（Bengtsson et al.，2016，2020）
	企业能够运用替代战略来管理合作和竞争	
	企业能够根据关系不断改变合作和竞争的范围和内容	
	企业能够在不损害关系的情况下平衡矛盾的需求	

6.3.1.2　环境动态性

环境动态性是本书的二次调节变量。根据已有研究，动态环境是一个多维的概念。贾沃斯基和科利（Jaworski and Kohli，1993）指出环境动态性包括市场波动、技术波动和竞争强度，其中，技术波动是指产业技术变革和发展的速度，采用 5 个题项得出；竞争强度是指企业在产品市场中面临的竞争压力的强烈程度，采用 6 个题项得出。市场动态性指顾客构成和顾客偏好的变化程度，采用 6 个题项得出。同样地，威尔顿和古德根（Wilden and Gudergan，2014）也将环境动态性划分为市场动态性、竞争动态性和技术动态性，分别采用 4 个题项进行测量。詹森等（Jansen et al.，2006）将外部环境划分为环境动态性和环境竞争性，其中，环境动态性采用 5 个题项进行测量，以获取外部环境的变化率和不稳定性；环境竞争性采用 4 个题项进行测量，以确定企业外部环境激烈竞争的程度。李浩和胡海青（2016）基于贾沃斯基和科利（Jaworski and Kohli，1993）的研究，将环境动态性划分为两个维度：技术波动和竞争强度，并采用行业内技术革新速率和市场竞争参与程度进行解释，分别用 4 个题项进行测量。根据现有研究成果可知，技术波动和竞争强度是高新技术企业创新过程中面临的两个重要的外部环境因素，因此，本书将环境动态性划分为技术波动和竞争强度两个维度，具体题项如表 6.2 所示。

表 6.2　　　　　　　　　　　　　环境动态性测量

变量	测量题项	文献来源
技术波动	行业内产品技术变化很快	贾沃斯基和科利（Jaworski and Kohli，1993）；李浩和胡海青（2016）
	技术变化提供巨大的商机	
	技术突变使行业内大量新产品创意得以实现	
	行业内技术发展有很大空间	
竞争强度	企业竞争力的核心基础不断变化	
	竞争对企业生存至关重要	
	竞争能够给企业带来很多市场资源	
	价格战是企业常用的营销策略	

6.3.2　分析方法

同子研究五一样，本书的数据来源于子研究四的问卷调查，并采用信效度检验、描述和相关分析、层次回归分析等方法对模型进行验证，分析方法的详细介绍可参见 4.3 节，此处不再赘述。

6.4　实 证 研 究

6.4.1　信度和效度检验

在进行假设检验之前，本书将运用 SPSS 17.0 和 Amos 24.0 两种软件对量表进行验证。

6.4.1.1　信度检验

本书使用 Cronbach's a 系数检验以及修正后的项与总计相关性（CITC）对竞合能力和动态环境特征的信度进行检验。结果显示，各变量的 Cronbach's a 系数分别为 0.815、0.720 和 0.730，达到了标准要求，并且所有题项的 CITC 值均大于 0.5，删除其他任何一个题项都将降低一致性指数，综合说明量表具有较好的内部一致性，信度良好，详细结果如表 6.3 所示。

表 6.3　　　　　　　　　　　调节变量的信度检验结果

变量	题项	CITC	删除项后的 Cronbach'α 系数	Cronbach'α 系数
竞合能力（CA）	CA1	0.583	0.790	0.815
	CA2	0.658	0.755	
	CA3	0.678	0.746	
	CA4	0.617	0.775	

续表

变量	题项	CITC	删除项后的 Cronbach'α 系数	Cronbach'α 系数
技术波动（TF）	TF1	0.520	0.637	0.720
	TF2	0.533	0.575	
	TF3	0.532	0.577	
	TF4	0.515	0.660	
竞争强度（CI）	CI1	0.576	0.583	0.730
	CI2	0.555	0.606	
	CI3	0.530	0.630	
	CI4	0.520	0.665	

注：CA、TF、CI 分别代表竞合能力、技术波动和竞争强度。

6.4.1.2　效度检验

本书将从内容效度、聚合效度、区别效度三个维度对两类调节变量的效度进行检验（见表 6.4）。第一，竞合能力、技术波动和竞争强度的测量题项来自经典文献中的成熟量表，并经多位学者验证，问卷设计过程中也与多位专家进行了研讨，因此具有较好的内容效度。

表 6.4　　　　　　　　　　调节变量的探索性因子分析

变量	累计解释方差百分比（%）	KMO	Bartlett 检验显著性
竞合能力	64.294	0.781	0.000
技术波动	51.744	0.725	0.000
竞争强度	54.186	0.725	0.000

第二，经过 KMO 和 Bartlett 检验。结果显示，各变量的 KMO 值最低为 0.725，Bartlett 检验显著，累计解释方差百分比符合要求，说明适合做探索性因子分析。聚合效度方面，竞合能力的因子载荷值在 0.763 ~ 0.833，CR 值为 0.878；技术波动的因子载荷值有两项接近 0.7，其他均大于 0.7，CR 值为 0.824；竞争强度的因子载荷值有一项接近 0.7，其他均大于 0.7，CR 值为 0.832。各变量的平均变异抽取值（AVE）值

最低为 0.540，上述各值都满足了标准要求，说明量表聚合效度较好。进一步来看，采用 AMOS 24.0 进行验证性因子分析，结果显示，各变量的 χ^2/df 值小于 3，RMSEA 值小于 0.08，NFI、CFI、GFI 值均大于 0.9，表明拟合指标达到了标准要求，说明构建效度较好。区分效度方面，各变量 AVE 的平方根均大于该变量与其他变量的相关系数，说明量表的区别效度较好（见表 6.5）。

表 6.5　　调节变量的因子载荷、CR 值、AVE 值分析

变量	题项	因子载荷	CR	AVE	拟合指标/路径系数
竞合能力（CA）	CA1	0.763	0.878	0.643	$\chi^2/\mathrm{df} = 2.697$ RMSEA = 0.075 NFI = 0.970 CFI = 0.975 GFI = 0.980
	CA2	0.819			
	CA3	0.833			
	CA4	0.790			
技术波动（TF）	TF1	0.692	0.824	0.540	$\chi^2/\mathrm{df} = 0.107$ RMSEA = 0.000 NFI = 0.999 CFI = 1.000 GFI = 1.000
	TF2	0.780			
	TF3	0.778			
	TF4	0.684			
竞争强度（CI）	CI1	0.795	0.832	0.554	$\chi^2/\mathrm{df} = 2.567$ RMSEA = 0.070 NFI = 0.962 CFI = 0.970 GFI = 0.985
	CI2	0.788			
	CI3	0.707			
	CI4	0.680			

注：CA、TF、CI 分别代表竞合能力、技术波动和竞争强度。

6.4.2　描述和相关分析

运用 SPSS 17.0 对各变量进行描述性统计，从表 6.6 中可以看出，纵向竞合中，技术波动、竞争强度、竞合能力对资源整合均呈现显著相关关系；横向竞合中，竞合能力对资源整合呈现出显著相关关系，而且相关系数都小于 0.7，初步验证了本书的假设，适合进行进一步回归模型检验。

表6.6　各变量的均值、标准差、相关系数（调节效应）

变量	均值	标准差	1	2	3	4	5	6	7	8	9
纵向竞合（N=223）											
1 企业规模	2.59	0.900									
2 研发投入	2.41	0.650	0.324**								
3 联盟类型	0.82	0.388	-0.035	0.156*							
4 资产专用性	5.12	1.092	-0.022	-0.031	0.242**						
5 契约治理	5.72	0.904	0.149*	0.210**	0.022	0.243**					
6 关系治理	5.55	0.711	0.061	0.078	0.027	0.384**	0.564**				
7 技术波动	5.65	0.797	0.170*	0.134*	0.087	0.465**	0.272**	0.438**			
8 竞争强度	5.49	0.885	0.127	0.096	0.101	0.413**	0.258**	0.410**	0.501**		
9 竞合能力	5.11	1.105	0.329**	0.171*	0.167*	0.329**	0.387**	0.450**	0.307**	0.363**	
10 资源整合	5.34	0.904	0.096	0.097	0.018	0.150*	0.482**	0.529**	0.305**	0.378**	0.437**
横向竞合（N=83）											
1 企业规模	2.76	0.790									
2 研发投入	2.19	0.772	0.257*								
3 联盟类型	0.80	0.406	-0.004	0.127							

续表

变量	均值	标准差	1	2	3	4	5	6	7	8	9
4 资产专用性	4.87	1.242	0.062	−0.032	0.252*						
5 契约治理	5.62	0.920	0.073	0.271*	0.409**	0.295**					
6 关系治理	5.36	0.868	0.045	0.326**	0.367**	0.410**	0.520**				
7 技术波动	5.55	1.014	0.098	0.183	0.098	0.313**	0.230*	0.378**			
8 竞争强度	5.52	0.987	0.117	0.230*	0.157	0.138	0.009	0.099	0.409**		
9 竞合能力	5.28	1.135	0.137	0.132	0.463**	0.305**	0.464**	0.341**	0.272*	0.240*	
10 资源整合	5.36	0.691	0.014	0.022	0.163	0.346**	0.452**	0.412**	0.170	0.081	0.393**

注：* 表示 p<0.05，** 表示 p<0.01（经由 t 值双尾检测）。

6.4.3 层次回归分析

关于二次调节作用的检验，本书同样借鉴巴伦和肯尼（Baron and Kenny，1986）提出的方法，对所有自变量和调节变量进行标准化处理，然后将两者相乘，得到交互项，再将交互项纳入层次回归分析模型，通过回归系数及显著性水平判断有无调节效应。

6.4.3.1 纵向竞合中动态环境的二次调节效应分析

（1）纵向竞合中动态环境对竞合能力与资源整合间关系的调节效应分析。

纵向竞合中，如表6.7所示，模型2显示，竞合能力与资源整合显著正相关（模型2，$\beta = 0.376$，$p < 0.001$），假设7成立。加入技术波动和竞争强度后，模型3显示，技术波动（模型3，$\beta = 0.169$，$p < 0.05$）和竞争强度（模型3，$\beta = 0.238$，$p < 0.01$）均与资源整合具有正相关关系。分别加入竞合能力与技术波动、竞合能力与竞争强度的交互项后，模型4显示，竞合能力与技术波动的交互项对资源整合有显著的正向影响（模型4，$\beta = 0.131$，$p < 0.01$）。模型5显示，竞合能力与竞争强度的交互项对资源整合有显著的正向影响（模型5，$\beta = 0.118$，$p < 0.05$）。作为全模型，模型6依然显著，但竞合能力与竞争强度的交互项对资源整合的影响不显著（模型6，$\beta = 0.041$，$p > 0.1$）。综合说明纵向竞合中，技术波动对竞合能力与资源整合间关系的调节作用更显著，假设9a成立。

表6.7　　　纵向竞合中动态环境对竞合能力的调节效应分析

变量	资源整合					
	模型1	模型2	模型3	模型4	模型5	模型6
企业规模	0.071	−0.076	−0.101	−0.090	−0.097	−0.090
研发投入	0.117	0.077	0.037	0.025	0.036	0.026

续表

变量	资源整合					
	模型 1	模型 2	模型 3	模型 4	模型 5	模型 6
资产专用性	0.134 *	0.014	−0.108 †	−0.118 *	−0.125 *	−0.123 *
联盟类型	−0.073	−0.172	−0.138	−0.183	−0.135	−0.176
竞合能力		0.376 ***	0.318 ***	0.331 ***	0.312 ***	0.328 ***
技术波动			0.169 *	0.239 **	0.178 *	0.233 **
竞争强度			0.238 **	0.230 **	0.287 ***	0.248 **
竞合能力 × 技术波动				0.131 **		0.114 **
竞合能力 × 竞争强度					0.118 *	0.041
调整 R^2	0.021	0.181	0.251	0.283	0.266	0.281
ΔR^2	0.039 *	0.161 ***	0.075 ***	0.034 **	0.017 *	0.035 **
F 值	2.190	10.835	11.652	11.942	11.042	10.639
ΔF	2.190 *	43.702 ***	11.158 ***	10.404 ***	5.182 ***	5.417 ***

注：* 表示 $p < 0.05$，** 表示 $p < 0.01$，*** 表示 $p < 0.001$。

（2）纵向竞合中动态环境对治理机制与资源整合间关系的调节效应分析。

纵向竞合中，如表6.8所示，模型3显示，技术波动对资源整合的影响不显著（模型3，$\beta = 0.066$，$p > 0.1$），竞争强度与资源整合显著正相关（模型3，$\beta = 0.216$，$p < 0.01$）。模型4加入了契约治理与技术波动的交互项，模型5加入了关系治理与技术波动的交互项，结果显示，契约治理与技术波动的交互项对资源整合有显著的正向影响（模型4，$\beta = 0.130$，$p < 0.01$）。关系治理与技术波动的交互项对资源整合有显著的正向影响（模型5，$\beta = 0.086$，$p < 0.05$）。模型6加入了契约治理与竞争强度的交互项，模型7加入了关系治理与竞争强度的交互项，结果显示两个模型均不显著，同时加入交互项后，模型8的结果与上述几个模型一致，综合说明纵向竞合中，竞争强度对治理机制与资源整合间关系的调节效应不显著，技术波动对治理机制与资源整合间关系的调节效应更显著，即假设9b没有得到验证，假设9c成立。

表 6.8　纵向竞合中动态环境对治理机制的调节效应分析

变量	模型 1	模型 2	资源整合 模型 3	模型 4	模型 5	模型 6	模型 7	模型 8
企业规模	0.071	0.032	0.003	-0.008	0.004	0.006	0.001	-0.008
研发投入	0.117	-0.009	-0.030	0.015	-0.030	-0.049	-0.025	-0.007
资产专用性	0.134*	-0.062	-0.133*	-0.168**	-0.151**	-0.118*	-0.140*	-0.142*
联盟类型	-0.073	0.050	0.045	0.015	0.024	0.044	0.028	-0.016
契约治理		0.269***	0.270***	0.268***	0.288***	0.266***	0.271***	0.248***
关系治理		0.515***	0.416***	0.475***	0.437***	0.416***	0.429***	0.513***
技术波动			0.066	0.096	0.101	0.065	0.071	0.104
竞争强度			0.216**	0.211**	0.202**	0.196**	0.209**	0.149*
契约治理×技术波动				0.130**				0.209**
关系治理×技术波动					0.086*			0.150**
契约治理×竞争强度						-0.050		0.035
关系治理×竞争强度							0.049	0.051
调整 R²	0.021	0.316	0.352	0.375	0.360	0.353	0.352	0.393
ΔR²	0.039*	0.296***	0.040**	0.025**	0.011*	0.004	0.003	0.050**
F 值	2.190	18.126	16.065	15.791	14.892	14.449	14.378	12.954
ΔF	2.190**	48.105***	6.908***	8.873***	3.818***	1.324***	0.929***	4.581***

注：* 表示 $p < 0.05$，** 表示 $p < 0.01$，*** 表示 $p < 0.001$。

6.4.3.2　横向竞合中动态环境的二次调节效应分析

（1）横向竞合中动态环境对竞合能力与资源整合间关系的调节效应分析。

横向竞合中，如表6.9所示，模型2显示，竞合能力与资源整合显著正相关（模型2，$\beta = 0.213$，$p < 0.01$），假设8成立。加入技术波动和竞争强度后，模型3显示，技术波动（模型3，$\beta = 0.011$，$p > 0.1$）和竞争强度（模型3，$\beta = -0.022$，$p > 0.1$）与资源整合关系均不显著。分别加入竞合能力与技术波动、竞合能力与竞争强度的交互项后，模型4、模型5不显著，作为全模型的模型6也不显著。综合说明横向竞合中，技术波动、竞争强度对竞合能力与资源整合间的关系不存在调节效应，假设10a不成立。

表6.9　　横向竞合中动态环境对竞合能力的调节效应分析

变量	资源整合					
	模型1	模型2	模型3	模型4	模型5	模型6
企业规模	−0.011	−0.045	−0.044	−0.052	−0.052	−0.056
研发投入	0.023	0.005	0.008	0.003	0.023	0.016
资产专用性	0.183**	0.144*	0.143*	0.161*	0.143*	0.155*
联盟类型	0.130	−0.112	−0.108	−0.108	−0.125	−0.121
竞合能力		0.213**	0.215**	0.215**	0.225**	0.223**
技术波动			0.011	0.029	−0.022	0.000
竞争强度			−0.022	−0.054	−0.003	−0.030
竞合能力×技术波动				0.074		0.051
竞合能力×竞争强度					0.071	0.053
调整 R^2	0.082	0.165	0.144	0.142	0.143	0.136
ΔR^2	0.127*	0.090**	0.001	0.009	0.010	0.013
F值	2.828	4.249	2.970	2.698	2.715	2.429
ΔF	2.828*	8.798**	0.038**	0.839**	0.946*	0.635***

注：*表示 $p < 0.05$，**表示 $p < 0.01$，***表示 $p < 0.001$。

（2）横向竞合中动态环境对治理机制与资源整合间关系的调节效应分析。

横向竞合中，如表6.10所示，模型3显示，技术波动、竞争强度

表 6.10　横向竞合中动态环境对治理机制的调节效应分析

变量	资源整合							
	模型 1	模型 2	模型 3	模型 4	模型 5	模型 6	模型 7	模型 8
企业规模	-0.011	-0.002	-0.006	-0.036	-0.035	0.019	0.001	-0.001
研发投入	0.023	-0.096	-0.113	-0.061	-0.095	-0.151	-0.101	-0.106
资产专用性	0.183**	0.108†	0.106	0.148*	0.130*	0.145*	0.144*	0.172*
联盟类型	0.130	-0.122	-0.152	-0.221	-0.197	-0.086	-0.092	-0.173
契约治理		0.259*	0.271*	0.358**	0.343**	0.286**	0.299**	0.342**
关系治理		0.126*	0.134*	0.136*	0.159*	0.164*	0.116*	0.165*
技术波动			-0.029	0.028	0.015	-0.004	-0.018	0.042
竞争强度			0.067	0.003	0.028	0.044	0.030	0.000
契约治理 × 技术波动				0.018				0.167
关系治理 × 技术波动					0.116			0.088
契约治理 × 竞争强度						0.174*		0.209*
关系治理 × 竞争强度							-0.119*	-0.171*
调整 R^2	0.082	0.217	0.204	0.258	0.235	0.243	0.216	0.266
ΔR^2	0.127*	0.148**	0.007	0.058	0.039	0.045*	0.020*	0.092*
F 值	2.828	4.786	3.620	4.164	3.518	3.927	3.505	3.475
ΔF	2.828*	7.726**	0.362**	6.402***	4.181**	4.867**	2.137**	2.571***

注：† 表示 $p < 0.1$，* 表示 $p < 0.05$，** 表示 $p < 0.01$，*** 表示 $p < 0.001$。

均对资源整合没有影响。模型 4 加入了契约治理与技术波动的交互项，模型 5 加入了关系治理与技术波动的交互项，结果表明，模型 4 和模型 5 不显著。模型 6 加入契约治理与竞争强度的交互项，模型 7 加入关系治理与竞争强度的交互项后，契约治理与竞争强度的交互项对资源整合有显著的正向影响（模型 6，$\beta = 0.174$，$p < 0.05$），关系治理与竞争强度的交互项对资源整合有显著的负向影响（模型 7，$\beta = -0.119$，$p < 0.05$）。同时加入交互项后，模型 8 的结果与上述几个模型一致，说明横向竞合中，技术波动对治理机制与资源整合间的关系不具备调节作用，竞争强度对契约治理与资源整合、关系治理与资源整合间的关系存在调节效应，假设 10b 和假设 10c 成立。

对比两种竞合战略中动态环境的调节效应，本书进一步得出结论：相比横向竞合，技术波动在纵向竞合中的二次调节作用更显著，假设 9 得到验证。相比纵向竞合，竞争强度在横向竞合中对治理机制与资源整合间关系的二次调节作用更显著，假设 10 得到部分验证。

6.5　研究结果讨论

由于竞合战略二元性，使得竞合能力不同于联盟能力和网络能力，它对降低竞合中的紧张关系起着关键的作用。因此，本书引入竞合能力这一关键要素，从制度和能力两个维度考察竞合战略的管理策略。另外，从权变的视角看，竞合战略的管理还受到组织外部环境的影响。动态环境是现阶段我国转型经济时期的主要特征，也是大多数研究中常用的反映外部环境特征的变量。因此，本书进一步探讨了动态环境下竞合治理的有效性。实证结果显示，动态环境的不同维度对竞合治理与资源整合，以及竞合能力与资源整合间的关系存在差异性的调节效应。本章节将从以下两个方面对实证结果进行分析讨论。

6.5.1　竞合能力对资源整合的影响作用

根据适度紧张能够帮助发展良好竞合战略的观点，本书借鉴本特松等（Bengtsson et al.，2016，2020）的研究，将竞合能力定义为矛盾地思考和启动过程的能力，并首次探讨不同竞合战略中竞合能力对资源整合的影响。实证结果表明，不同竞合战略中，竞合能力均与资源整合显著正相关。本书的研究结论与格纳瓦利和帕克（Gnyawali and Park，2011）、本特松等（Bengtsson et al.，2016）、拉孔 – 乌拉（Raza – Ullah，2017a）、威廉和西多（Wilhelm and Sydow，2018）等一致验证了竞合能力的积极作用，说明竞合能力较强的企业可以更好地平衡竞合战略，降低合作和竞争的紧张关系，从而有助于资源的有效配置和整合。本书的研究响应了本特松等（Bengtsson et al.，2016，2020）关于开展更多竞合能力实证研究的呼吁，丰富了竞合战略管理的文献。本书认为，在高、低压力下未能达到预期结果的企业，要么缺乏竞合能力，要么只有低水平的竞合能力。无论合作竞争悖论的强度有多大，竞合能力都能使管理者将高度或低水平的紧张关系调节到适当的水平，从而从合作竞争中获得丰硕的利益。

6.5.2　环境动态性的二次调节作用

根据已有研究，本书将环境动态性划分为两个维度：技术波动和竞争强度，探讨了动态环境对竞合治理、竞合能力的影响。结果表明，不同的竞合战略中，技术波动和竞争强度对治理机制与资源整合、竞合能力与资源整合间的关系有不同的影响，竞合能力和治理机制对环境的适应性存在差异。相比横向竞合，技术波动在纵向竞合中的二次调节作用更显著，包括：技术波动正向调节竞合能力与资源整合间的关系更显著，技术波动正向调节契约治理与资源整合间的关系更显著，技术波动正向调节关系治理与资源整合间的关系更显著；相比纵向竞合，竞争强度在横向竞合中的二次调节作用更显著，包括：竞争强度正向调节契约治理与资源整合间的关系更显著，竞争强度负向调节关系治理与资源整合间的关系更显著。

已有研究强调了从多维视角看待环境动态性的重要性，本书通过将环境动态性划分为两个维度，考察了环境动态性对竞合治理和竞合能力的影响，进一步拓展了环境动态性的作用情景，呼应了从多维视角研究环境动态性的文献，更加显示出区分动态环境不同维度的重要性。本书的思路与李浩和胡海青（2016）的研究一致，但却与他们的研究结论相反。李浩和胡海青（2016）研究表明，契约治理在波动的环境中作用更显著，关系治理在竞争的环境中作用更显著。本书结果显示，关系治理在波动的环境中作用更显著，契约治理在竞争的环境中作用更显著。值得注意的是，纵向竞合中，技术波动正向调节契约治理与资源整合间的关系，这与原假设相悖。可能是因为在技术不确定的情况下，契约治理能够帮助企业获取丰富的创新资源，促进创新绩效的提升。而且有保障的合同关系有助于提升合作伙伴的信心。另外，通过在动态环境下探讨竞合能力对资源整合的影响机制，本书得到了动态环境特征对不同竞合战略中竞合能力与资源整合间关系的差异作用。纵向竞合中技术波动的加快促使企业不断提高其竞合能力，进而有助于企业调节竞合强度和紧张关系，使企业在动态的环境下更有效地管理竞合战略，实现资源的有效整合。横向竞合中动态环境对竞合能力的调节效应没有得到验证，这一方面可能是与竞争对手的合作过程更为复杂，竞合能力可能是推动资源整合的一个潜在的驱动因素，这种强烈的直接影响可能使环境与其的交互作用微不足道；另一方面可能是受到样本企业数量和随机性的影响，由于数据的难以获得性，本书的横向竞合样本是 83 份，未来可增加样本数据和范围进行进一步探讨。总之，通过分析动态环境下竞合能力的作用边界，本书拓展了竞合能力的研究情景。

6.6　本　章　小　结

本章在第 5 章的基础上，从权变的视角出发，逐步引入竞合能力和动态环境两类调节变量，推导论证了相应的研究假设，如表 6.11 所示，考察了动态环境下竞合治理对资源整合、竞合能力对资源整合的影响机制，并运用多元线性回归检验了调节效应，最后与现有研究进行了理论对话。

表 6.11　　　　　　　　竞合治理对资源整合的影响机制研究假设

作用关系	理论假设	验证结果
竞合能力的 调节效应	假设 7：纵向竞合中，竞合能力与资源整合显著正相关	成立
	假设 8：横向竞合中，竞合能力与资源整合显著正相关	成立
动态环境的 二次调节效应	假设 9：相比横向竞合，技术波动在纵向竞合中的二次调节作用更显著	成立
	假设 9a：纵向竞合中，技术波动正向调节竞合能力与资源整合间的关系更显著	成立
	假设 9b：纵向竞合中，技术波动负向调节契约治理与资源整合间的关系更显著	不成立
	假设 9c：纵向竞合中，技术波动正向调节关系治理与资源整合间的关系更显著	成立
	假设 10：相比纵向竞合，竞争强度在横向竞合中的二次调节作用更显著	部分成立
	假设 10a：横向竞合中，竞争强度正向调节竞合能力与资源整合间的关系更显著	不成立
	假设 10b：横向竞合中，竞争强度正向调节契约治理与资源整合间的关系更显著	成立
	假设 10c：横向竞合中，竞争强度负向调节关系治理与资源整合间的关系更显著	成立

第 7 章

结论与展望

通过前面章节的研究，本书对不同竞合战略及其治理对企业创新能力的影响、作用机制和内在机理进行了较为系统和深入的分析。本章将总结全书的研究、主要结论，明确主要的理论贡献和实践启示，并指出研究的不足之处，提出未来的研究方向。

7.1 研究结论

目前，企业间通过竞合战略进行创新的行为越来越普遍，例如，三星和索尼的合作，华为和高通的合作。但现实中企业联盟的失败率却很高，例如，福特和大众为进入拉丁美洲而结成的联盟以失败告终，因为双方在许多其他市场中都是直接竞争对手，因此不愿相互分享所需的知识。针对竞合战略中的创新困境这一现实难题，学术界从管理竞合战略的视角开展了研究，针对这方面的文献不断涌现，这些研究指出竞合战略本质上是矛盾的，它包含了竞争和合作的两种对立的关系，强调竞争与合作的相互作用既有创造价值的潜力，也有破坏价值的风险，因此，对竞合战略进行有效治理是企业在动荡环境中实现创新目标的新的契机。基于此研究基点，本书在"结构—行为—绩效"的理论框架下，从竞合视角审视联盟组合，结合动态关系观和资源编排理论，关注企业联盟组合中的不同竞合战略，基于国内 313 家高新技术企业的调研数据，开展了四个子研究，深入剖析了不同竞合战略的本质和差异，在此基础上探讨了不同竞合战略及其治理对企业创新的影响，并进一步揭示了竞合战略治理对企业创新能力的作用机制，构建了"竞合战略—治理机制—资源整合—创新能力"的理论模型，最后在权变视角下考察了竞合治理对资源整合的影响机制。

本书提出了16条研究假设，通过数据分析和实证分析对以上假设进行了统计检验。结果表明，13条假设通过验证，1条假设部分通过验证，2条假设未得到验证。详细结果如表7.1所示。

表7.1　　　　　　　　　　本书假设检验结果汇总

作用关系	理论假设	验证结果
直接效应	假设1：相比横向竞合，纵向竞合更有利于突破性创新	成立
	假设2：相比纵向竞合，横向竞合更有利于渐进性创新	成立
治理机制的调节效应	假设3：纵向竞合中，运用关系治理比运用契约治理更能提升企业创新能力，而且关系治理对突破性创新的作用强于契约治理	成立
	假设4：横向竞合中，运用契约治理比运用关系治理更能提升企业创新能力，而且契约治理对渐进性创新的作用强于关系治理	部分成立
资源整合的中介效应	假设5：横向竞合中，资源整合在治理机制与渐进性创新的关系中具有中介作用	成立
	假设5a：横向竞合中，契约治理正向影响资源整合，进而促进了渐进性创新	成立
	假设5b：横向竞合中，关系治理正向影响资源整合，进而促进了渐进性创新	成立
	假设6：纵向竞合中，资源整合在治理机制与突破性创新的关系中具有中介作用	成立
	假设6a：纵向竞合中，契约治理正向影响资源整合，进而促进了突破性创新	成立
	假设6b：纵向竞合中，关系治理正向影响资源整合，进而促进了突破性创新	成立

续表

作用关系	理论假设	验证结果
竞合能力的调节效应	假设7：纵向竞合中，竞合能力与资源整合显著正相关	成立
	假设8：横向竞合中，竞合能力与资源整合显著正相关	成立
环境动态性的二次调节效应	假设9：相比横向竞合，技术波动在纵向竞合中的二次调节作用更显著	成立
	假设9a：纵向竞合中，技术波动正向调节竞合能力与资源整合间的关系更显著	成立
	假设9b：纵向竞合中，技术波动负向调节契约治理与资源整合间的关系更显著	不成立
	假设9c：纵向竞合中，技术波动正向调节关系治理与资源整合间的关系更显著	成立
	假设10：相比纵向竞合，竞争强度在横向竞合中的二次调节作用更显著	部分成立
	假设10a：横向竞合中，竞争强度正向调节竞合能力与资源整合间的关系更显著	不成立
	假设10b：横向竞合中，竞争强度正向调节契约治理与资源整合间的关系更显著	成立
	假设10c：横向竞合中，竞争强度负向调节关系治理与资源整合间的关系更显著	成立

本书的主要研究结论包括以下方面。

（1）横向竞合、纵向竞合对企业不同类型的创新具有不同的影响。

本书首先从竞合理论出发，考虑合作伙伴的性质差异，根据创新目标和合作动机的不同，提出了联盟组合中两种不同的竞合战略，即横向竞合和纵向竞合，探讨了不同竞合战略对企业不同创新能力的影响。结果表明，针对不同的创新能力，两种竞合战略的影响具有差异性，纵向竞合对突破性创新和渐进性创新都具有显著的正向影响；横向竞合对突破性创新没有影响，但正向影响渐进性创新，而且对比来看，横向竞合对渐进性创新的作用更显著。因此，本书得出结论：纵向竞合更有利于突破性创新，横向竞合更有利于渐进性创新。

（2）不同竞合战略中治理机制的有效性存在差异。

进一步来看，基于动态关系观，从治理机制的有效性角度入手，本书根据不同竞合战略中合作意图和竞争强弱，研究了不同治理机制对企业创新能力的有效性差异。结果表明：适当的治理机制可以降低竞合战略中的交换风险和紧张关系，确保参与企业之间的价值创造和价值分配，从而提高创新能力。由于不同竞合战略中资源依赖性质和机会主义的风险有所不同，决定了不同治理机制的重要性和有效性。纵向竞合中，关系治理对企业创新能力特别是突破性创新的作用更显著；横向竞合中，契约治理对企业创新能力尤其是渐进性创新的作用更显著。

（3）竞合治理通过影响资源整合进而促进企业创新能力。

在完成上述研究后，本书又从资源编排视角下的资源整合出发，研究了不同竞合战略中治理机制对企业创新能力的作用路径。结果表明，在两种竞合战略中，资源整合都是重要的途径。横向竞合中，契约治理和关系治理通过影响资源整合进而促进企业的渐进性创新；纵向竞合中，契约治理和关系治理通过影响资源整合进而促进企业的突破性创新，这些路径共同构成了竞合治理对企业创新能力的作用机制。

（4）动态环境对不同竞合治理与资源整合的关系具有不同的调节效应。

本书从权变的视角出发，选择企业组织层面的因素竞合能力和环境层面的因素环境动态性两类变量，考察了竞合能力对资源整合的影响，以及动态环境对竞合能力与资源整合、治理机制与资源整合间关系的影响。结果表明：两种竞合战略中，竞合能力都促进了资源整合。环境动态性的两种不同特征对竞合能力和治理机制与资源整合间的关系具有不同的调节作用。纵向竞合中，技术波动越快，竞合能力、契约治理和关系治理对资源整合的正向影响越明显，但竞争强度对竞合能力、治理机制与资源整合间的关系没有影响。横向竞合中，竞争强度越高，契约治理对资源整合的正向影响越显著，关系治理对资源整合的负向影响越显著，但对竞合能力与资源整合间的关系没有影响，且技术波动对竞合能力、契约治理以及关系治理与资源整合的关系均不存在影响。

7.2　理论贡献及管理启示

7.2.1　理论贡献

基于竞合理论、动态关系观理论和资源编排理论，本书探讨了不同竞合战略及其治理对企业创新能力的影响机理，得到了一些有意义的结论，丰富和深化了相关理论，主要体现在以下几个方面。

（1）推进了竞合战略及其管理的研究。

关于竞合的研究虽然已具备了一定的规模，但仍未形成缜密的研究思路，并且未建立系统的理论体系，容易导致研究的局限性和情境化。因此，本书围绕竞合中的创新困境建立了一个系统的研究框架，本书对竞合理论的贡献主要体现在以下几点。

第一，深化了竞合战略理论。已有研究指出，企业会同时建立多个研发合作关系，而现有文献很少结合联盟组合维度分析竞争与合作关系。帕克等（Park et al.，2014）、本特松和科克（Bengtsson and Kock，2014）等呼吁，有必要将竞合视角纳入到联盟组合中，拓展现有研究对联盟组合关系在横向和纵向视角的划分。本书响应了此呼吁，从竞合视角审视联盟组合，根据焦点企业针对不同类型合作伙伴所表现出的不同程度的合作行为和竞争行为，将它们之间的竞合战略划分为横向竞合和纵向竞合，并比较分析了不同竞合战略的本质及合作和竞争的相互作用，区分了竞争性和非竞争性创新伙伴之间的本质差异，揭示了不同竞合战略的形成机理，深化了竞合战略的相关研究。

第二，丰富了竞合战略管理理论。一方面，从治理机制有效性的角度探讨了竞合战略的治理。根据不同竞合战略中竞争与合作的强度差异，提出不同的竞合战略需要与之对应的治理机制以提高企业创新。通过区分不同竞合战略、治理机制和企业创新能力，实证检验了不同竞合战略中契约治理和关系治理对突破性创新和渐进性创新的重要性和有效性。另一方面，提出竞合能力对管理竞合战略的重要作用，考察了动态环境特征对竞合能力和治理机制有效性的影响，剖析了关系治理和契约治理的多重情境，丰富了竞合战略管理的理论研究范围。

（2）深化了动态关系观的作用情景。

基于动态关系观的理论框架，本书整合竞合理论、动态关系观理论和资源编排理论的关键思想和要素：竞合战略、治理机制、竞合能力、资源整合和动态环境，系统、深入地探讨了不同竞合战略及其治理对企业创新能力的影响机理，识别了不同竞合战略的本质和差异，进而论证了治理机制的有效性和重要性。值得强调的是，在动态环境的情境中，本书通过进一步解析环境动态性的特征，强调了区分动态环境不同维度的重要性，识别了技术波动和竞争强度的作用情景，补充了关系观在动态环境中的应用。总之，本书通过在竞合治理的情景下将竞合理论、动态关系观理论和资源编排理论进行充分融合，丰富了动态关系观对竞合研究的解释力度，并通过实证研究验证了动态关系观的理论思想，为基于动态关系观的视角研究竞合战略提供了启发意义。

（3）拓展了资源编排理论的研究情景。

目前，国内外对于竞合战略和企业创新内在作用机理的研究较为匮乏，邓渝和黄小凤（2017）虽然从资源整合的视角对其进行了研究，但他们主要关注了联盟组合中的竞争和创新的一个维度，而且他们也指出，作为一个问题的两个方面，还需要考虑竞争对渐进性创新的影响。因此，关于竞合战略与创新间的作用机制还需要进一步的丰富和验证。本书在动态关系观的基础上，整合研究了资源编排视角下的资源整合，搭建了"竞合战略—治理机制—资源整合—创新能力"的理论框架，提出了基于竞合战略的资源整合机制，厘清了企业竞合治理与企业创新能力的作用机制，打开了两者关系的黑箱，验证了资源整合的中介作用，丰富了资源编排理论的情景化研究，在一定程度上明确了竞合战略和企业创新的系统性。

（4）丰富了创新的前因研究。

现有关于竞合战略和企业创新能力的研究得出了不一致的结论，而且鲜有文献对竞合战略和企业创新能力进行细颗粒度的划分，这方面的实证分析更是缺乏。本书从竞合战略治理的角度填补了这一空白，通过探讨不同竞合战略及其治理对企业创新能力的影响机理及其作用路径，从联盟治理和资源编排的视角丰富了企业创新的前因研究，为企业提高创新能力提供了新的路径和方式。

7.2.2　实践启示

本书的研究结论为中国高新技术企业通过竞合战略更好地开展创新提供了以下几点启示。

（1）根据创新目标构建竞合战略。

随着人工智能、数字技术和 5G 网络等新技术的发展，技术变革的步伐越来越快，驱动各行各业进行转型升级和创新，而由于资源的有限性，企业必须与外部合作伙伴进行合作以开展创新。这种合作中合作与竞争共存，包括合作双方为了共同目标而进行的价值创造，也包括他们获取私人利益时进行的价值占有，且越来越多的竞合发生在同一行业内。

相比纯粹的合作或竞争战略，同时合作和竞争更能帮助企业获得资源、降低研发成本和风险、扩大市场和提高创新绩效。因此，竞合战略是企业提高创新能力的重要途径。这种关系本身就能产生租金，一旦企业与联盟伙伴间形成默契的、不可模仿的竞合战略，企业就能够获取创新所需的资源和技术，而且还有助于利用合作伙伴的其他能力，从而能够显著地提高企业的竞争优势。因此，创新的管理者应根据不同的创新目标构建有效的竞合战略，例如，致力于突破性创新的企业应当注重与供应商和客户的合作，即建立合作主导型的纵向竞合战略，开展渐进创新的企业应当重视与竞争对手的合作，即构建竞争主导型的横向竞合战略，从而使创新活动有效地开展。

（2）采取适宜的治理机制和培育有效的竞合能力以管理竞合战略。

平衡的竞合战略能给企业带来较高的收益，但在实践中，建立平衡的竞合战略的可能性非常小。有的企业间主要关注合作目标，导致其忽视竞争中潜在收益的可能性，有的企业间竞争激烈，不愿意承担广泛合作的风险，这两种情况都会导致合作竞争的张力较弱，从而危及竞合的目标。因此，企业需要对竞合战略进行有效管理，将合作和竞争的紧张程度调整到一个适当的水平。但竞合战略的矛盾性和复杂性使得对其管理非常具有挑战性，而同时管理多个竞合战略更是增加了管理难度，因此具备管理竞合战略所需要的能力并制定合适的规则就显得尤为重要。一方面，创新管理者需要培育竞合的心态和养成竞合的思维，即阴阳或平衡的思维。在构建竞合战略之前，管理者需要考虑特定合作伙伴的性质和特征，结合自身的创新目标，对比合作和竞争的收益与成本，决策合作和竞争的领域，并需要不断总结与不同类型合作伙伴竞合的相关经验，逐步提升竞合能力。另一方面，在创新的开展中，管理者要能够发展替代战略来管理合作和竞争，通过深入了解合作和竞争的内容和范围，理性研判竞合中的风险，从而根据风险程度选择适宜的治理机制，减少交易成本，确保联盟双方所创造的价值得到公平和透明的分配。由于企业与竞争对手的合作机会主义风险更高，资源依赖性相对较弱；与供应商、客户的合作资源依赖性更高，机会主义风险相对较低。因此，本书建议，针对不同竞合战略中的交易风险，创新管理者应选择不同的治理机制。具体而言，横向竞合可采用以硬性规则、法律规则为主的契约治理，纵向竞合可采用开放沟通、信息共享、关系规范和信任为主的关系治理，从而使企业从有效治理中受益，提高资源整合的有效性，进而提升创新绩效。

（3）注重对资源进行动态管理。

在动态的环境下，对资源进行有效管理使其发挥作用是企业构建竞争优势的来源。因此，这就要求企业在创新过程中，注重对企业内外部资源进行有效融合和编排，建立有效的资源体系，进而实现资源到能力的有效转化。本书通过研究发现，在不同的竞合战略中，治理机制与资源整合共同形成了高效的资源整合机制，构建了"资源获取—资源整合

—资源利用"的过程路径，提升了企业的创新能力。这启示创新管理者在通过竞合战略进行创新时，应当注重发挥治理机制和资源整合的协同作用，结合创新目标通过治理机制的优化设计促进资源整合能力的提升。具体地，横向竞合中可通过采取契约治理促进资源整合以提升渐进性创新，纵向竞合中可通过采取关系治理促进资源整合以提升突破性创新。

（4）根据环境变化不断调整竞合策略。

企业并不是真空存在的，它的组织行为受所处环境条件的影响，因此，在管理竞合战略的过程中企业管理者需要密切监控和分析环境变化。例如，技术的变革、竞争强度的变化等，这些因素的变化会引起合作和竞争领域及强度的变化，导致需要具备不同程度的竞合能力和治理机制的有效性。

纵向竞合中，技术波动增加了外部环境的不可预测性和不确定性风险，联盟双方一方面可以通过与不同伙伴的合作积累竞合经验，形成竞合的流程、惯例和文化以平衡竞合战略；另一方面可以通过签订契约稳定与合作伙伴的合作关系，减少合作伙伴的担忧，运用有保障的关系应对不确定性风险。还可通过良好的沟通、互动、关系规范和信任加深与供应商、客户合作的关系，进一步扩大合作范围，减少投机行为，建立可持续的合作关系。

横向竞合中，激烈的竞争导致竞争格局不断发生变化，致使通过关系治理双方合作关系的效果降低，此时联盟双方可以通过契约或合同制定相关规则，确保责、权、利的统一，使合作过程有法可依。这种契约是一种法律保障，它一方面保证了合作的顺利开展；另一方面在发生冲突时可以发挥关键作用，如技术等方面的纠纷。

7.3　研究局限性及未来展望

7.3.1　研究局限

由于精力、时间和个人能力所限，以及竞合战略本身的复杂性，本书难免存在一些不足，也是未来需要进一步研究的方向，主要表现在以下两个方面。

（1）样本收集。尽管本书采取了多种途径，花费了大量的财力和精力进行问卷调研，并涵盖了中国 13 个省区市高新技术制造业和服务业的所有行业，以保证问卷的数量和质量。但由于数据的可得性和条件限制，本书横向竞合的研究样本为 83 份，但针对观察变量数量来讲，结构方程要求若研究变量符合正态分布，则每个观察变量 5 个样本就可满足要求，汤普森（Thompson，2000）建议样本数与观察变量数的比例至少为 10∶1 ~ 15∶1，以此类推。本书达到并满足了比例的要求。不过与纵向竞合相比，数量还较少，这可能也是本书横向竞合中有些假设未得到验证的原因。实际上，目前关于横向竞合的研究都表现出了样本数量的限制，未来的研究要进一步扩大样本量以补充这方面的不足。

（2）研究方法。本书采用的是横截面数据，主要运用层次回归分析进行假设验证，为了有效探讨本书模型的过程机制和边界效应，本书借鉴博肯等（Bouncken et al.，2016）的思路，即假定在某一时段的研发合作中，企业的供应商、客户和竞争对手的定位是恒定的。例如，华为和苹果的合作，在芯片研发上他们是合作关系，在技术商业化时又变为竞争关系，但根据其产品市场的重叠程度，目前来讲他们是直接的竞争对手，即企业与合作伙伴的关系在某一时点可以清楚地界定。虽然这种方法有效验证了本书的模型，但却无法直接获得合作和竞争相互作用的动态演化效应。

7.3.2 研究展望

关于竞合的管理及其对创新绩效的研究正成为战略管理领域的研究热点之一。由于研究条件和篇幅的限制，本书重点关注竞合战略的治理，对竞合战略中某些有价值的问题没有进行全面探讨，这也是未来需要进一步努力的地方。

（1）竞合战略本质上是动态性的，根据企业战略的调整和外部环境的变化，联盟双方之间竞争与合作的领域和程度也在不断变化，企业的供应商、客户和竞争对手可能会发生角色转换，特别是随着企业跨界行为的不断增加，合作伙伴可能在某些领域是企业的供应商，在其他领域又成为企业的竞争对手。根据动态关系观，随着时间的推移，合作双方的资源依赖性也有可能会减弱，这将降低企业的关系租金。因此，未来研究可采用多时点测量的方式获取面板数据，对不同时点数据的差异性进行深入探讨。或采用案例研究的方法，深入探讨合作和竞争相互作用的动态变化，以期得到更有启发性的结论。

（2）如何管理竞合战略本身是一个非常具有应用价值和理论意义的研究领域，现有文献对这一问题的探讨还处于起步阶段，因此，在现有文献的基础上，未来的研究可进一步探讨竞合战略管理的不同方式，如分离、整合、治理机制和能力等构成要素的内涵，以及它们在不同竞合战略、竞合战略的不同阶段的有效性和相互作用关系，并通过典型案例或大数据的方法进一步深入分析竞合能力的形成机制，挖掘更多有效管理竞合战略的方法，提高对实践的指导意义。

（3）本书从资源编排下的资源整合视角和权变视角研究了竞合治理对企业创新能力的作用机制和影响机制，并将资源整合作为单维变量进行了考察和测量。现有研究表明，资源整合包含了几个子过程，未来研究可更细颗粒度地区分资源整合的过程，如资源识取和资源配用过程，探讨它们对竞合治理和企业创新能力的中介作用，并基于不同的视角和情景挖掘更多的中介和调节变量，丰富竞合理论。进一步来看，也可更加细致地探讨资源编排的其他子过程，如资源构建、资源束集、资源协调对绩效的影响机制和作用机制，丰富资源编排理论。

参 考 文 献

[1] 蔡莉，尹苗苗. 新创企业学习能力、资源整合方式对企业绩效的影响研究 [J]. 2009 (10)：1 – 10，16.

[2] 陈国权，刘薇. 企业组织内部学习、外部学习及其协同作用对组织绩效的影响——内部结构和外部环境的调节作用研究 [J]. 中国管理科学，2017，25 (5)：175 – 186.

[3] 陈雨田. 价值网络中不同竞合结构下的关系治理模式及绩效研究 [D]. 上海：上海交通大学，2012.

[4] 池仁勇. 不同规模企业的技术创新比较分析 [J]. 软科学，2002，16 (4)：84 – 88.

[5] 崔蓓，王玉霞. 供应网络联系强度与风险分担：依赖不对称的调节作用 [J]. 2017，4：106 – 118.

[6] 崔新坤，韩德昌. 客户组合特征对突破性创新与渐进性创新的影响机制研究 [J]. 科学学与科学技术管理，2016，37 (9)：129 – 142.

[7] 邓渝，黄小凤. 促进还是规避竞争：联盟组合伙伴竞争与突破性创新倒 U 型关系研究 [J]. 科学学与科学技术管理，2017，38 (10)：55 – 68.

[8] 邓渝. 资源整合对突破性创新的影响研究——联盟伙伴竞争的调节作用 [J]. 管理评论，2019，31 (11)：71 – 79.

[9] 董保宝，葛宝山，王侃. 资源整合过程、动态能力与竞争优势：机理与路径 [J]. 管理世界，2011 (3)：92 – 101.

[10] 董保宝，葛宝山. 新创企业资源整合过程与动态能力关系研

究 [J]. 科研管理, 2012, 33 (2): 107 – 114.

[11] 董保宝, 罗均梅, 许杭军. 新企业创业导向与绩效的倒 U 形关系——基于资源整合能力的调节效应研究 [J]. 管理科学学报, 2019, 22 (5): 83 – 98.

[12] 高良谋, 李宇. 企业规模与技术创新倒 U 关系的形成机制与动态拓展 [J]. 管理世界, 2009 (8): 113 – 123.

[13] 葛宝山, 王浩宇. 资源整合、创业学习与创新研究 [J]. 南方经济, 2017 (3): 57 – 70.

[14] 葛泽慧. 基于研发协作和供应链管理的企业间竞合研究 [D]. 上海: 上海大学, 2007.

[15] 韩文海. 基于隔离机制的竞合效益研究 [D]. 大连: 东北财经大学, 2012.

[16] 胡乐炜, 赵晶, 江毅. 基于互联网平台的服务型企业知识共享能力形成及作用过程研究——权变理论视角 [J]. 管理评论, 2018, 30 (10): 95 – 105.

[17] 黄芳铭. 结构方程模式理论与应用 [M]. 台北: 五南出版社, 2004.

[18] 黄昊, 王国红, 秦兰. 科技新创企业资源编排对企业成长影响研究: 资源基础与创业能力共演化视角 [J]. 中国软科学, 2020 (7): 122 – 137.

[19] 金玲娣, 陈国宏. 企业规模与 R&D 关系实证研究 [J]. 科研管理, 2001, 22 (1): 51 – 57.

[20] 李东红, 乌日汗, 陈东. "竞合" 如何影响创新绩效: 中国制造业企业选择本土竞合与境外竞合的追踪研究 [J]. 管理世界, 2020, 36 (2): 161 – 181, 225.

[21] 李浩, 胡海青. 孵化网络治理机制对网络绩效的影响: 环境动态性的调节作用 [J]. 管理评论, 2016, 28 (6): 100 – 112.

[22] 李林蔚. 竞合、组织双元性与联盟企业知识生成策略 [J]. 科学学研究, 2016, 34 (6): 906 – 915.

[23] 李微. 竞争性战略联盟的合作效应研究 [D]. 重庆：重庆大学，2009.

[24] 李正卫. 动态环境条件下的组织学习与企业绩效 [D]. 杭州：浙江大学，2003.

[25] 廖诺，李小燕，吴菊华. 供应链间横向竞合战略对信息共享与创新绩效的影响研究 [J]. 科技进步与对策，2016，33（13）：27 - 33.

[26] 林菁菁. 组织资源行动及其对技术创新的影响机理研究 [D]. 大连：大连理工大学，2019.

[27] 刘衡，王龙伟，李垣. 竞合理论研究前沿探析 [J]. 外国经济与管理，2009，31（9）：1 - 8，52.

[28] 刘兰剑. 渐进、突破与破坏性技术创新研究述评 [J]. 软科学，2010，24（3）：10 - 13.

[29] 刘新梅，赵旭，张新星. 企业高层长期导向对新产品创造力的影响研究——基于资源编排视角 [J]. 科学学与科学技术管理，2017，38（3）：44 - 55.

[30] 刘鑫，蒋春燕. 政治和商业网络关系与企业探索式创新：一个整合模型 [J]. 经济管理，2016，38（8）：68 - 81.

[31] 刘雪梅. 联盟组合：价值实现及治理机制研究 [D]. 重庆：西南财经大学，2013.

[32] 罗珉，徐宏玲. 组织间关系：价值界面与关系租金的获取 [J]. 中国工业经济，2007（1）：68 - 77.

[33] 马鸿佳，董保宝，葛宝山. 资源整合过程、能力与企业绩效关系研究 [J]. 吉林大学社会科学学报，2011，51（4）：71 - 78.

[34] 马庆国. 管理统计 [M]. 北京：科学出版社，2002.

[35] 彭伟，符正平. 联盟网络、资源整合与高科技新创企业绩效关系研究 [J]. 管理科学，2015，28（3）：26 - 37.

[36] 彭新敏. 企业网络对技术创新绩效的作用机制研究：利用性——探索性学习的中介效应 [D]. 杭州：浙江大学，2009.

[37] 彭珍珍，顾颖，张洁．动态环境下联盟竞合、治理机制与创新绩效的关系研究［J］．管理世界，2020，36（3）：205－220，235.

[38] 乔·蒂德．管理创新［M］．陈劲，译．北京：中国人民大学出版社，2012.

[39] 饶扬德．企业资源整合过程与能力分析［J］．工业技术经济，2006，25（9）：72－74.

[40] 任萍．新企业网络导向、资源整合与企业绩效关系研究［D］．长春：吉林大学，2011.

[41] 任胜钢，吴娟，王龙伟．网络嵌入与企业创新绩效研究——网络能力的调节效应检验［J］．研究与发展管理，2011，23（3）：16－24.

[42] 任新建．企业竞合行为选择与绩效的关系研究［D］．上海：复旦大学，2006.

[43] 孙道军，叶红，王栋．不同竞合战略与企业创新选择互动演化研究［J］．商业研究，2011（10）：45－49.

[44] 孙永风，李垣，廖貅武．基于不同战略导向的创新选择与控制方式研究［J］．管理工程学报，2007，21（4）：24－30.

[45] 田立法，王淞，刘丛珊，等．差异化战略、二元创新与企业绩效：资源整合能力的调节或中介作用［J］．科技进步与对策，2015，32（9）：93－99.

[46] 万幼清，王云云．产业集群协同创新的企业竞合战略研究［J］．管理世界，2014（8）：175－176.

[47] 王国红，黄昊，秦兰．技术新创企业创业网络对企业成长的影响研究［J］．科学学研究，2020，38（11）：2029－2039.

[48] 王兰．VC－E合作治理机制与技术创新绩效关系研究［D］．重庆：重庆大学，2012.

[49] 王龙伟，李垣，王刊良．组织惯性的动因与管理研究［J］．预测，2004，23（6）：1－4.

[50] 王清晓．契约与关系共同治理的供应链知识协同机制［J］.

科学学研究，2016，34（10）：1532－1540.

［51］王思梦，井润田，邵云飞. 联盟惯例对企业双元创新能力的影响机制研究［J］. 管理科学，2019，32（2）：19－32.

［52］魏江，刘锦，杜静. 自主性技术创新的知识整合过程机理研究［J］. 科研管理，2005，26（4）：15－21.

［53］温忠麟，张雷，侯杰泰. 中介效应检验程序及其应用［J］. 心理学报，2004，36（5）：614－620.

［54］吴菲菲，米兰，黄鲁成. 基于技术标准的企业多主体竞合战略研究［J］. 科学学研究，2019，37（6）：1043－1052.

［55］吴明隆. 结构方程模型——AMOS 的操作与应用［M］. 重庆：重庆大学出版社，2009.

［56］项保华. 战略管理——艺术与实务［M］. 北京：华夏出版社，2001.

［57］谢洪明. 市场导向与组织绩效的关系环境与组织学习的影响［J］. 南开管理评论，2005（3）：47－53.

［58］谢洪明，赵丽，程聪. 网络密度、学习能力与技术创新的关系研究［J］. 科学学与科学技术管理，2011，32（10）：57－63.

［59］徐二明，徐凯. 资源互补对机会主义和战略联盟绩效的影响研究［J］. 管理世界，2012（1）：93－103.

［60］徐亮，张宗益，龙勇，等. 竞争战略与技术创新绩效的实证研究［J］. 科研管理，2009，30（1）：87－96.

［61］徐宁，姜楠楠，张晋. 股权激励对中小企业双元创新战略的影响研究［J］. 科研管理，2019，40（7）：163－172.

［62］许晖，张海军. 制造业企业服务创新能力构建机制与演化路径研究［J］. 科学学研究，2016，34（2）：298－311.

［63］许庆瑞. 技术创新管理［M］. 杭州：浙江大学出版社，1990.

［64］杨菲. 企业知识积累与企业创新关系研究［D］. 西安：西北大学，2018.

［65］ 杨伟明. 联盟组合管理能力、双元合作与焦点企业绩效关系研究［D］. 重庆：重庆大学，2018.

［66］ 杨震宁，赵红. 中国企业的开放式创新：制度环境、"竞合"关系与创新绩效［J］. 管理世界，2020，36（2）：139–160，224.

［67］ 曾萍，黄紫薇，夏秀云. 外部网络对企业双元创新的影响：制度环境与企业性质的调节作用［J］. 研究与发展管理，2017，29（5）：113–122.

［68］ 张春辉，陈继祥. 渐进性创新或颠覆性创新：创新模式选择研究综述［J］. 研究与发展管理，2011，23（3）：88–96.

［69］ 张方华. 网络嵌入影响企业创新绩效的概念模型与实证分析［J］. 中国工业经济，2010（4）：110–119.

［70］ 张建涛. 冗余资源、双元创新对企业绩效的影响研究［D］. 沈阳：辽宁大学，2018.

［71］ 张洁，何代欣，安立仁，等. 领先企业开放式双元创新与制度多重性——基于华为和IBM的案例研究［J］. 中国工业经济，2018，12：170–188.

［72］ 张颖，高杰，冯泰文. 供应商合作与企业竞争优势的关系研究［J］. 管理学报，2014（3）.

［73］ 郑景丽. 知识保护、规则构建、关系维护与联盟治理的关系［D］. 重庆：重庆大学，2012.

［74］ 周方召，符建华，仲深. 外部融资、企业规模与上市公司技术创新［J］. 科研管理，2014，35（3）：116–122.

［75］ 周江华，刘一凡，李纪珍. 部门间竞合战略对企业创新绩效的影响［J］. 科学学研究，2019，37（4）：721–728，759.

［76］ 周杰. 国外竞合战略与创新研究述评与展望［J］. 技术经济，2018，37（2）：63–68.

［77］ Abernathy W. J., Utterback J. M. Patterns of Industrial Innovation［J］. Technology Review，1978，80（7）：40–47.

［78］ Acs Z. J., Audretsch D. B. Innovation, Market Structure and

Firm Size [J]. Review of Economics & Statistics, 1987, 69 (4): 567 – 574.

[79] Afuah, A. How Much do Your Co-opetitors' Capabilities Matter in the Face of Technological Change? [J]. Strategic Management Journal, 2000, 21 (3): 387 – 404.

[80] Ali A. Pioneering versus Incremental Innovation: Review and Research Propositions [J]. Journal of Product Innovation Management, 1994, 11 (1): 46 – 61.

[81] Amit R, Schoemaker P. Strategic Assets and Organizational Rent [J]. Strategic Management Journal, 1993, 14 (1): 33 – 46.

[82] Aragón – Correa J. A. and Sanjay Sharma. A Contingent Resource-based View of Proactive Corporate Environmental Strategy [J]. The Academy of Management Review, 2003, 28 (1): 71 – 88.

[83] Arranz N. and de Arroyabe J. C. F. Effect of Formal Contracts, Relational Norms and Trust on Performance of Joint Research and Development Projects [J]. British Journal of Management, 2012, 23: 575 – 588.

[84] Asgari N., Tandon V., Singh K., et al. Creating and Taming Discord: How Firms Manage Embedded Competition in Alliance Portfolios to Limit Alliance Termination [J]. Strategic Management Journal, 2018, 39 (12): 3273 – 3299.

[85] Bacon E., Williams M. D., Davies G. Coopetition in Innovation Ecosystems: A Comparative Analysis of Knowledge Transfer Configurations [J]. Journal of Business Research, 2020, 115: 307 – 316.

[86] Barney J. B. Firm Resources and Sustained Competitive Advantage [J]. Journal of Management, 1991, 17 (1): 99 – 120.

[87] Baron R. M. and Kenny D. A. The Moderator-mediator Variable Distinction in Social Psychological Research: Conceptual, Strategic and Statistical Considerations [J]. Journal of Personality and Social Psychology, 1986, 51: 1173 – 1182.

［88］ Belderbos R. , Carree M. , Diederen B. , et al. Heterogeneity in R&D Cooperation Strategies ［J］. International Journal of Industrial Organization, 2004, 22: 1237 – 1263.

［89］ Bengtsson M. and Kock S. Cooperation and Competition in Relationships between Competitors in Business Networks ［J］. Journal of Business & Industrial Marketing, 1999, 14 （3）: 178 – 194.

［90］ Bengtsson M. and Kock S. Coopetition – Quo Vadis? Past Accomplishments and Future Challenges ［J］. Industrial Marketing Management, 2014, 43 （2）: 180 – 188.

［91］ Bengtsson M. , Eriksson J. and Wincent J. Co-opetition dynamics——An outline for further inquiry ［J］. Competitiveness Review, 2010, 20 （2）: 194 – 214.

［92］ Bengtsson M. and Kock S. "Coopetition" in Business Networks—To Cooperate and Compete Simultaneously ［J］. Industrial Marketing Management, 2000, 29 （5）: 411 – 426.

［93］ Bengtsson M. , Raza – Ullah T. and Vanyushyn V. The Coopetition Paradox and Tension: The Moderating Role of Coopetition Capability ［J］. Industrial Marketing Management, 2016, 53: 19 – 30.

［94］ Bengtsson M. , Raza – Ullah T. , Srivastava M. K. Looking Different vs Thinking Differently: Impact of TMT Diversity on Coopetition Capability ［J］. Long Range Planning, 2020, 53.

［95］ Benner M. J. , Tushman M. L. Exploitation, Exploration and Process Management: The Productivity Dilemma Revisited ［J］. Academy of Management Review, 2003, 28 （2）: 238 – 256.

［96］ Bleeke J. , Ernst D. Collaborating to Compete: Using Strategic Alliances and Acquisition in the Global Marketplace ［M］. New York: Wiley, 1993.

［97］ Blome C. , Schoenherr T. , Kaesser M. Ambidextrous Governance in Supply Chains: The Impact on Innovation and Cost Performance ［J］.

Journal of Supply Chain Management, 2013, 49 (4): 59 – 80.

[98] Bouncken R., and Kraus S. Innovation in Knowledge Intensive Industries: The Double-edged Sword of Coopetition [J]. Journal of Business Research, 2013, 66: 2060 – 2070.

[99] Bouncken R. B., Clauß T. and Fredrich V. Product Innovation through Coopetition in Alliances: Singular or Plural Governance? [J]. Industrial Marketing Management, 2016, 53: 77 – 90.

[100] Bouncken R. B., Fredrich V. Learning in Coopetition: Alliance Orientation, Network Size and Firm Types [J]. Journal of Business Research, 2016, 69: 1753 – 1758.

[101] Bouncken R. B., Fredrich V., Ritala P., et al. Coopetition in New Product Development Alliances: Advantages and Tensions for Incremental and Radical Innovation [J]. British Journal of Management, 2018, 29: 391 – 410.

[102] Bouncken R. and Fredrich V. Coopetition: Performance Implications and Management Antecedents [J]. International Journal of Innovation Management, 2012, 16 (5): 1 – 28.

[103] Bouncken R., Gast J., Kraus S., et al. Coopetition: A Systematic Review, Synthesis and Future Research Directions [J]. Review of Managerial Science, 2015, 9: 577 – 601.

[104] Brandenburger A. M. and Nalebuff B. J. The Right Game: Use Game Theory to Shape Strategy [J]. Harvard Business Review, 1995, 73: 57 – 71.

[105] Brandenburger A. M. and Nalebuff B. J. Co-opetition [M]. New York: NY: Bantam Doubleday Dell Publishing Group, 1996.

[106] Bstieler L., Hemmert M. The Effectiveness of Relational and Contractual Governance in New Product Development Collaborations: Evidence from Korea [J]. Technovation, 2015 (45 – 46): 29 – 39.

[107] Cannon J. P., Achrol R. S. and Gundlach G. T. Contracts,

Norms and Plural Form Governance [J]. Academy of Marketing Science, 2000 (28): 180 – 194.

[108] Carnabuci G, Operti E. Where do Firms "Recombinant Capabilities Come From? Intra-organizational Networks, Knowledge and Firms" Ability to Innovate through Technological Recombination [J]. Strategic Management Journal, 2013, 34 (13): 1591 – 1613.

[109] Cassiman B., di Guardo M. C. and Valentini G. Organising R&D Projects to Profit from Innovation: Insights from Co-opetition [J]. Long Range Planning, 2009 (42): 216 – 233.

[110] Chai L., Li J., Clauss T., et al. The Inflfluences of Interdependence, Opportunism and Technology Uncertainty on Interfifirm Coopetition [J]. Journal of Business & Industrial Marketing, 2019, 34 (5): 948 – 964.

[111] Chen, M. J. Competitor Analysis and Interfirm Rivalry: Toward a Theoretical Integration [J]. Academy of Management Review, 1996 (21): 100 – 134.

[112] Chen M. J. Reconceptualizing the Competition-cooperation Relationship: A Transparadox Perspective [J]. Journal of Management Inquiry, 2008, 17 (4): 288 – 305.

[113] Chesbrough H. W. Open Innovation: The New Imperative for Creating and Profiting from Technology [M]. Boston MA: Harvard Business School Press, 2003.

[114] Christine S. K., Dawn R. D. and Kurt, A. H. An Empirical Test of Environmental, Organizational and Process Factors Affecting Incremental and Radical Innovation [J]. Journal of High Technology Management Research, 2003 (14): 21 – 45.

[115] Collinson S. and Liu Y. Recombination for Innovation: Performance Outcomes from International Partnerships in China [J]. R&D Management, 2017: 1 – 18.

［116］Crossan M. M. , Apaydin M. A Multi-dimensional Framework of Organizational Innovation: A Systematic Review of the Literature ［J］. Journal of Management Studies, 2010, 47 (6): 1154 – 1191.

［117］Cui A. S. , Calantone R. J. and Griffith D. A. Strategic Change and Termination of Interfirm Partnerships ［J］. Strategic Management Journal, 2011, 32 (4): 402 – 423.

［118］Czakon W. , Fernandez A. S. and Minà A. Editorial——From Paradox to Practice: The Rise of Coopetition Strategies ［J］. International Journal of Business Environment, 2014b, 6 (1): 1 – 10.

［119］Daft R. L. A Dual-core Model of Organizational Innovation ［J］. Academy of Management Journal, 1978, 21 (2): 193 – 210.

［120］Dahlin K. , Behrens D. When is an Invention Really Radical? Defining and Measuring Technological Radicalness ［J］. Research Policy, 2005, 34 (5): 717 – 737.

［121］Danneels E. Organizational Antecedents of Second-order Competences ［J］. Strategic Management Journal, 2008, 29 (5): 519 – 543.

［122］Das T. K. , Teng B. S. Between Trust and Control: Developing Confidence in Partner Cooperation in Alliances ［J］. Academy of Management Review, 1998 (23): 491 – 512.

［123］Das T. K. and Teng B. S. Instabilities of Strategic Alliances: An Internal Tensions Perspective ［J］. Organization Science, 2000, 11 (1): 77 – 101.

［124］Deken F. , Berends H. Strategizing and the Initiation of Interorganizational Collaboration through Prospective Resourcing ［J］. Academy of Management Journal, 2018, 61 (5): 1920 – 1950.

［125］De Leeuw T. , Lokshin B. , Duysters, G. Returns to Alliance Portfolio Diversity: The Relative Effects of Partner Diversity on Firm's Innovative Performance and Productivity ［J］. Journal of Business Research, 2014 (67): 1839 – 1849.

［126］ Dess G. G. , Beard D. W. Dimensions of Organizational Task Environments ［J］. Administrative Science Quarterly, 1984, 29 (1): 52 – 73.

［127］ Dorn S. , Schweiger B. and Albers S. Levels, Phases and Themes of Coopetition: A Systematic Literature Review and Research Agenda ［J］. European Management Journal, 2016 (34): 484 – 500.

［128］ Dowling M. J. , Roering W. D. , Carlin B. A. , et al. Multifaceted Relationships Under Coopetition Description and Theory ［J］. Journal of Management Inquiry, 1996, 5 (2): 155 – 167.

［129］ Dyer J. H. and Chu W. The Determinants of Trust in Supplier-automaker Relationships in the US, Japan and Korea ［J］. Journal of International Business Studies, 2000, 31 (2): 259 – 285.

［130］ Dyer J. H. and Singh H. The Relational View: Cooperative Strategy and Sources of Inter Organizational Competitive Advantage ［J］. Academy of Management Review, 1998, 23 (4): 660 – 79.

［131］ Dyer J. H. , Singh H. , Hesterly. , et al. The Relational View Revisited: A Dynamic Perspective on Value Creation and Value Capture ［J］. Strategic Management Journal, 2018 (39): 1 – 23.

［132］ Eisenhardt K. M. and Martin M. Dynamic Capabilities: What are They? ［J］. Strategic Management Journal, 2000, 21 (10): 1105 – 1121.

［133］ Estrada I. , Faems D. and de Faria P. Coopetition and Product Innovation Performance: The Role of Internal Knowledge Sharing Mechanisms and Formal Knowledge Protection Mechanisms ［J］. Industrial Marketing Management, 2016 (53): 56 – 65.

［134］ Estrada Isabel. , Dong J. Q. Learning from Experience? Technological Investments and the Impact of Coopetition Experience on Firm Profitability ［J］. Long Range Planning, 2020, 53.

［135］ Ettlie J. E. Organizational Policy and Innovation Among Suppliers to the Food Processing Sector ［J］. Academy of Management Journal, 1983,

26 (1)：27 –44.

[136] Faems D., De Visser M., Andries P., et al. Technology Alliance Portfolios and Financial Performance: Value-enhancing and Cost-increasing Effects of Open Innovation [J]. Journal of Product Innovation Management, 2010, 27 (6)：785 –796.

[137] Faems D., Van Looy B. and Debackere K. Interorganizational Collaboration and Innovation: Toward a Portfolio Approach [J]. Journal of Product Innovation Management, 2005, 22 (3)：238 –250.

[138] Fernandez, A. S. and Chiambaretto P. Managing Tensions Related to Information in Coopetition [J]. Industrial Marketing Management, 2016 (53)：66 –76.

[139] Fernandez A. S., Le Roy F. and Gnyawali D. R. Sources and Management of Tension in Co-opetition Case Evidence from Telecommunications Satellites Manufacturing in Europe [J]. Industrial Marketing Management, 2014 (43)：222 –235.

[140] Ge B. S. and Dong B. B. Resource Integration Process and Venture Performance: Based on the Contingency Model of Resource Integration Capability [C]. 2008 International Conference On Management Science and Engineering At Long Beach, Usa, 2008 (10)：281 –288.

[141] Gesing J., Antons D., Piening E. P., et al. Joining Forces or Going it Alone? On the Interplay Among External Collaboration Partner Types, Interfirm Governance Modes and Internal R&D [J]. Journal of Product Innovation Management, 2015, 32 (3)：424 –440.

[142] Gibson C. B., Birkinshaw J. The Antecedents, Consequences and Mediating Role of Organizational Ambidexterity [J]. Academy of Management Journal, 2004, 47 (2)：209 –226.

[143] Gilsing V. A., Lemmens C. E. A. V. and Duysters G. Strategic Alliance Networks and Innovation: A Deterministic and Voluntaristic View Combined [J]. Technology Analysis & Strategic Management, 2007, 19

（2）：227－249.

［144］Gnyawali D. R. , He J. and Madhavan R. Impact of Co-opetition on Firm Competitive Behavior: An Empirical Examination ［J］. Journal of Management, 2006, 32（4）：507－530.

［145］Gnyawali D. R. , Madhavan R. , He J. , et al. The Competition Cooperation Paradox in Inter-firm Relationships: A Conceptual Framework ［J］. Industrial Marketing Management, 2016（53）：7－18.

［146］Gnyawali D. R. , Madhavan R. M. , He J. , et al. Contradictions, Dualities and Tensions in Cooperation and Competition: A Capability Based Framework ［C］. Annual Meeting of the Academy of Management, Boston: MA. 2012.

［147］Gnyawali D. R. and Park B. J. Co-opetition and Technological Innovation in Small and Medium-sized Enterprises: A Multilevel Conceptual Model ［J］. Journal of Small Business Management, 2009（47）：308－330.

［148］Gnyawali D. R. and Park B. J. Co-opetition between Giants: Collaboration with Competitors for Technological Innovation ［J］. Research Policy, 2011, 40（5）：650－663.

［149］Govindarajan V, Kopalle P. K. Disruptiveness of Innovations: Measurement and an Assessment of Reliability and Validity ［J］. Strategic Management Journal, 2006, 27（2）：189－199.

［150］Gulati R. Alliances and Networks ［J］. Strategic Management Journal, 1998（19）：293－317.

［151］Gulati, R. , Lawrence, P. R. and Puranam, P. Adaptation in Vertical Relationships: Beyond Incentive Conflict ［J］. Strategic Management Journal, 2005, 26（5）：415－440.

［152］Gurca A. , Ravishankar M. N. A Bricolage Perspective on Technological Innovation in Emerging Markets ［J］. IEEE Transactions on Engineering Management, 2016, 63（1）：53－66.

［153］ Hamel G. Y. L. , Doz Y. and Prahalad C. K. Collaborate with your Competitors and Win ［J］. Harvard Business Review, 1989 （67）: 133 – 139.

［154］ Harman H. H. Modern Factor Analysis ［M］. Chicago: University of Chicago Press, 1967.

［155］ Helfat C. E. , Finkelstein S. , Mitchell W. , et al. Dynamic Capabilities: Understanding Strategic Change in Organizations ［M］. Malden, MA: Blackwell, 2007.

［156］ Hennart J. F. A Transaction Costs Theory of Equityjoint Ventures ［J］. Strategic Management Journal, 1988 （9）: 361 – 374.

［157］ He Z. L. , Wong P. K. Exploration vs. Exploitation: An Empirical Test of the Ambidexterity Hypothesis ［J］. Organization Science, 2004, 15 （4）: 481 – 494.

［158］ Hoetker G. and Mellewigt T. Choice and Performance of Governance Mechanisms: Matching Alliance Governance to Asset Type ［J］. Strategic Management Journal, 2009 （30）: 1025 – 1044.

［159］ Hoffmann W. , Lavie D. , Reuer J. J. , et al. The Interplay of Competition and Cooperation ［J］. Strategic Management Journal, 2018, 39: 3033 – 3052.

［160］ Huergo E. and Jaumandreu J. Firms' Age, Process Innovation and Productivity Growth ［J］. International Journal of Industrial Organization, 2004b, 22 （4）: 541 – 559.

［161］ Huergo E. and Jaumandreu J. How does Probability of Innovation Change with Firm Age? ［J］. Small Business Economics, 2004a, 22 （3/4）: 193 – 207.

［162］ Hung S. W. , Chang C. C. A Co-opetition Perspective of Technology Alliance Governance Modes ［J］. Technology Analysis & Strategic Management, 2012, 24 （7）: 679 – 696.

［163］ Hurmelinna – Laukkanen P. , Sainio L. M. , Jauhiaien T.

Appropriability Regime for Radical and Incremental Innovations [J]. R&D Management, 2008, 38 (3): 278 – 289.

[164] Inkpen, A. C. and Tsang, E. W. K. Social Capital, Networks and Knowledge Transfer [J]. Academy of Management Review, 2005, 30 (1): 146 – 165.

[165] Jansen J. J. P. , Van Den Bosch F. A. J. and Volberda H. W. Exploratory Innovation, Exploitative Innovation and Performance: Effects of Organizational Antecedentsand Environmental Moderators [J]. Management Science, 2006, 52 (11): 1661 – 1674.

[166] Jap S. D. and Ganesan S. Control Mechanism and the Relationship Life Cycle: Implications for Safeguarding Specific Investments and Developing Commitment [J]. Journal of Marketing Research, 2000 (37): 227 – 245.

[167] Jaworski B. J. , Kohli A. K. Market Orientation: Antecedents and Consequences [J]. Journal of Marketing, 1993, 57 (3): 53 – 70.

[168] Jorde D. Teece. Innovation and Cooperation: Implications for Competition and Antitrust [J]. Journal of Ecnomic Perspectives, 1990, 4 (3): 75 – 96.

[169] Klein K. , Semrau T. , Albers S. , et al. Multimarket Coopetition: How the Interplay of Competition and Cooperation Affects Entry into Shared Markets [J]. Long Range Planning, 2020 (53).

[170] Knight K. E. A Descriptive Model of the Intra-firm Innovation Process [J]. The Journal of Business, 1967, 40 (4): 478 – 496.

[171] Koberg C. , Detienne D. , Heppard K. An Empirical Test of Environmental, Organizational and Process Factors Affecting Incremental and Radical Innovation [J]. Journal of High Technology Management Research, 2003, 14 (1): 21 – 45.

[172] Kogut B. and Zander U. Knowledge of the Firm, Combinative Capabilities and the Replication of Technology [J]. Organization Science,

1992, 3 (3): 383 – 397.

［173］Kogut B. Joint Ventures: Theoretical and Empirical Perspectives ［J］. Strategic Management Journal, 1988, 9 (4): 319 – 332.

［174］Kostopoulos K., Papalexandris A., Papachroni M., et al. Absorptive Capacity, Innovation and Financial Performance ［J］. Journal of Business Research, 2011, 64 (12): 1335 – 1343.

［175］Kumar N., Scheer L. K. and Stenkamp J. The Effects of Perceived Interdependence on Dealer Attitudes ［J］. Journal of Marketing Research, 1995 (32): 348 – 356.

［176］Kyriakopoulos K., Hughes M., Hughes P. The Role of Marketing Resources in Radical Innovation Activity: Antecedents and Payoffs ［J］. Journal of Product Innovation Management, 2016, 33 (4): 609 – 613.

［177］Lane P. J., Salk J. E., Lyles M. A. Absorptive Capacity, Learning and Performance in International Joint Ventures ［J］. Strategic Management Journal, 2001, 22 (12): 1139 – 1161.

［178］Laursen K. and Salter A. Open for Innovation: The Role of Openness in Explaining Innovation Performance Among U. K. Manufacturing Firms ［J］. Strategic Management Journal, 2006, 27 (2): 131 – 150.

［179］Lavie D. Alliance Portfolios and Firm Performance: A Study of Value Creation and Appropriation in the U. S. Software Industry ［J］. Strategic Management Journal, 2007, 28 (12): 1187 – 1212.

［180］Lecbner C., Soppe B. and Dowling, M. Vertical Coopetition and the Sales Growth of Young and Small Firms ［J］. Journal of Small Business Management, 2016, 54 (1): 67 – 84.

［181］Leonardbarton D. Core Capabilities and Core Rigidities-a Paradox in Managing New Product Development ［J］. Strategic Management Journal, 1992 (13): 111 – 125.

［182］Le Roy F., and Czakon W. Managing Coopetition: The Missing Link between Strategy and Performance ［J］. Industrial Marketing Management, 2016 (53): 3-6.

[183] Le Roy F. and Fernandez A. S. Managing Coopetitive Tensions at the Working-group Level: The Rise of the Coopetitiveproject Team [J]. British Journal of Management, 2015, 26: 671-688.

[184] Le Roy F., Robert M. and Lasch F. Choosing the Best Partner for Product Innovation: Talking to the Enemy or to a Friend? [J]. International Studies of Management Organisation, 2016, 46 (3).

[185] Lichtenthaler U. Open Innovation: Past Research, Current Debates and Future Directions [J]. Academy of Management Perspectives, 2011, 25 (1): 75-93.

[186] Li J. J., Poppo L. and Zhou K. Z. Relational Mechanisms, Formal Contracts and Local Knowledge Acquisition by International Subsidiaries [J]. Strategic Management Journal, 2010 (31): 349-370.

[187] Lin H. E., Iii M. D., Lin S. J., et al. Managing the Exploitation/Exploration Paradox: The Role of a Learning Capability and Innovation Ambidexterity [J]. Journal of Product Innovation Management, 2013, 30 (2): 262-278.

[188] Liu Y., Luo Y. and Liu T. Governing Buyer Supplier Relationships through Transactional and Relational Mechanisms: Evidence from China [J]. Journal of Operations Management, 2009, 27: 294-309.

[189] Liu Y., Luo Y., Yang P., et al. Typology and Effects of Coopetition in Buyer-supplier Relationships: Evidence from the Chinese Home Appliance Industry [J]. Management and Organization Review, 2014, 10 (3): 439-465.

[190] Li Y., Liu Y., Liu H. Co-operation, Distributor's Entrepreneurial Orientation and Manufactures's Knowledge Acquisition: Evidence from China [J]. Journal of Operations Management, 2011, 29 (1): 128-142.

[191] Lumineau F. and Malhotra D. Shadow of the Contract: How Con-

tract Structure Shapes Interfirm Dispute Resolution [J]. Strategic Management Journal, 2011, 32 (5): 532 – 555.

[192] Luo X., Slotegraaf R. J. and Pan X. Cross-functional "Coopetition": The Simultaneous Role of Cooperation and Competition within Firms [J]. Journal of Marketing, 2006 (70): 67 – 80.

[193] Luo Y. A Coopetition Perspective of Global Competition [J]. Journal of World Business, 2007, 42 (2): 129 – 144.

[194] Luo Y. Are Joint Venture Partners more Opportunistic in a More Volatile Environment? [J]. Strategic Management Journal, 2007b (28): 39 – 60.

[195] Macneil I. R. Contracts: Adjustment of Long-term Economic Relations Under Classical, Neoclassical and Relational Contact Law [J]. Northwestern University Law Review, 1978 (72): 854 – 905.

[196] Markham J. W. Market Structure, Business Conduct and Innovation [J]. American Economic Review, 1965, 55 (5): 323 – 324.

[197] Markides C. Disruptive Innovation: In Need of Better Theory [J]. Journal of Production Innovation Management, 2006, 23 (1): 19 – 25.

[198] Martinez – Conesa I., Soto – Acosta P. and Carayannis E. G. On the Path Towards Open Innovation: Assessing the Role of Knowledge Management Capability and Environmental Dynamism in SMEs [J]. Journal of Knowledge Management, 2017, 21 (3): 553 – 570.

[199] MeDermotte C. M., O'Connor G. C. Managing Radical Innovation: An Overview of Emergent Strategy Issues [J]. The Journal of Product Innovation Management, 2002, 19 (2): 424 – 438.

[200] Mens G. L., Hannan M. T., Pólos L. Age-related Structural Inertia: A Distance-based Approach [J]. Organization Science, 2015, 26 (3): 756 – 773.

[201] Miller D. The Structural and Environmental Correlates of Busi-

ness Strategy [J]. Strategic Management Journal, 1987, 8 (1): 55 – 76.

[202] Mitchell W. , Singh K. Death of the Lethargic: Effects of Expansion into New Technical Subfields on Performance in a Firm's Base Business [J]. Organization Science, 1993, 4 (2): 152 – 180.

[203] Monteiro F. , Mol M. , Birkinshaw J. Ready to be Open? Explaining the Firm Level Barriers to Benefiting from Openness to External Knowledge [J]. Long Range Planning, 2017, 50: 282 – 295.

[204] Neyens I. , Faems D. and Sels L. The Impact of Continuous and Discontinuous Alliance Strategies on Startup Innovation Performance [J]. International Journal of Technology Management, 2010, 52 (3/4): 392 – 410.

[205] Nielsen R. P. Cooperative Strategy [J]. Strategic Management Journal, 1988, 9: 475 – 492.

[206] Nieto M. J. and Santamar'ıa L. The Importance of Diverse Collaborative Networks for the Novelty of Product Innovation [J]. Technovation, 2007, 27: 367 – 377.

[207] Noke H. , Perrons R. K. , Hughes M. Strategic Dalliances as An-enable for Discontinuous Innovation in Slow Clockspeed Industries: Evidence from the Oil and Gas Industry [J]. R&D Management, 2008, 38 (2): 129 – 139.

[208] O'Connor G. C. , DeMartino R. Organizing for Radical Innovation: An Exploratory Study of the Structural Aspcets of Rl Management Systems in Large Established Firms [J]. Journal of Product Innovation Management, 2006, 23 (6): 457 – 497.

[209] Oerlemans, L. A. G. , Knoben, J. and Pretorios, M. W. Alliance Portfolio Diversity, Radical and Incremental Innovation: The Moderating Role of Technology Management [J]. Technovation, 2013, 33 (6 – 7): 234 – 246.

[210] Oshri I. and Weeber C. Cooperation and Competition Standards-

setting Activities in the Digitization Era: The Case of Wireless Information Devices [J]. Technology Analysis & Strategic Management, 2006, 18 (2): 265 –283.

[211] Park B J., Srivastava M K., Ggyawali D. R. Impact of Coopetition in the Alliance Portfolio and Coopetition Experience on Firm Innovation [J]. Technology Analysis & Strategic Management, 2014a, 26 (8): 893 – 907.

[212] Pellegrin – Boucher E., Le Roy F. and Gurău C. Managing Selling Coopetition: A Case Study of the ERP Industry [J]. European Management Review, 2018, 15: 37 – 56.

[213] Pellegrin – Boucher E., Roy F. L. and Gurău. C. Coopetitive Strategies in the ICT Sector: Typology and Stability [J]. Technology Analysis & Strategic Management, 2013 (25): 71 – 89.

[214] Pellegrin – Boucher E., Seran T. and Gurau C. The Management of Coopetitive Tensions Within Multi-unit Organizations [J]. Industrial Marketing Management, 2016 (53): 31 – 41.

[215] Peteraf M. A. and Bergen M. E. Scanning Dynamic Competitive Landscapes: A Market-based and Resource-based Framework [J]. Strategic Management Journal, 2003 (24): 1027 – 1041.

[216] Podsakoff P. M., MacKenzie S. B., Lee J. Y., et al. Common Method Biases in Behavioral Research: A Critical Review of the Literature and Recommended Remedies [J]. Journal of Applied Psychology, 2003, 88 (5): 879 – 903.

[217] Poppo L. and Zenger T. Do Formal Contracts and Relational Governance Function as Substitutes or Complements? [J]. Strategic Management Journal, 2002 (23): 707 – 725.

[218] Porter M. E. Competitie Advantage: Creating and Sustaining Superior Performance [M]. Free Press: New York, 1980.

[219] Prahalad C. K., Hamel G. Strategy as a Field of Study: Why

Search for A New Paradigm? [J]. Strategic Management Journal, 1994, 15 (S2): 5 - 16.

[220] Prahalad C. K. , Hamel G. The Core Competence of the Corporation [M]. Berlin: Springer Berlin Heidelberg, 2006.

[221] Quintana – García C. and Benavides – Velasco C. A. Cooperation, Competition and Innovative Capability: A Panel Data of European Dedicated Biotechnology Firms [J]. Technovation, 2004, 24 (12): 927 - 938.

[222] Ranganathan R. , Ghosh A. , Rosenkopf L. Competition Cooperation Interplay during Multiform Technology Coordination: The Effect of Firm Heterogeneity on Conflict and Consensus in a Technology Standards Organization [J]. Strategic Management Journal, 2018 (39): 3193 - 3221.

[223] Raza – Ullah T. A Theory of Experienced Paradoxical Tension in Co-opetitive Alliances [D]. Umeå University. 2017a.

[224] Raza – Ullah T. , Bengtsson M. and Kock S. The Coopetition Paradox and Tension in Coopetition at Multiple Levels [J]. Industrial Marketing Management, 2014 (43): 189 - 198.

[225] Raza – Ullah T. and Bengtsson M. Tension in Paradoxical Relationships between Firms [N]. Paper presented at 29th EGOS Collopuim, Canada: Montréal, 2013 - 07 - 04.

[226] Reuer J. J. and Ariño A. Contractual Renegotiations in Strategic Alliances [J]. Journal of Management, 2002, 28 (1): 47 - 68.

[227] Rhodes E. , Wield D. Implementing New Technologies: Innovation and the Management of Technology [M]. Oxford: NCC, Blackwell, 1994.

[228] Ring P. S. , Van De Ven A. H. Structuring Cooperative Relationships between Organizations [J]. Strategic Management Journal, 1992 (13): 483 - 498.

[229] Ritala P. and Hurmelinna – Laukkanen P. Incremental and Radi-

cal Innovation in Coopetition——the Role of Absorptive Capacity and Appropriability [J]. Journal of Product Innovation Management, 2013, 30 (1): 154 – 169.

[230] Ritala P. and Hurmelinna – Laukkanen P. What's in it for me? Creating and Appropriating Value in Innovation-related Coopetition [J]. Technovation, 2009, 29 (12): 819 – 828.

[231] Ritala P. and Sainio L. M. Coopetition for Radical Innovation: Technology, Market and Business-model Perspectives [J]. Technology Analysis & Strategic Management, 2014 (26): 155 – 169.

[232] Ritala P. Coopetition Strategy——When is it Successful? Empirical Evidence on Innovation and Market Performance [J]. British Journal of Management, 2012 (23): 307 – 324.

[233] Sampson R. C. R&D Alliances and Firm Performance: The Impact of Technological Diversity and Alliance Organization on Innovation [J]. Academy of Management Journal, 2007 (50): 364 – 386.

[234] Sanou, F. H. , Le Roy, F. and Gnyawali, D. R. How does Centrality in Coopetition Networks Matter? An Empirical Investigation in the Mobile Telephone Industry [J]. British Journal of Management, 2016 (27): 143 – 160.

[235] Scherer. Firm Size, Market Structure, Opportunity and the Output of Patented Inventions [J]. American Economic Review, 1965.

[236] Schreiner M. , Kale P. and Corsten D. What Really is Alliance Management Capability and How Does it Impact Alliance Outcomes and Success? [J]. Strategic Management Journal, 2009, 30 (13): 1395 – 1419.

[237] Schumpeter J A. The Theory of Economic Development [M]. Boston, MA: Harvard University Press, 1934.

[238] Sirmon D. G. , Hitt M. A. , Ireland R. D. , et al. Resource Orchestration to Create Competitive Advantage: Breadth, Depth and Life Cycle Effects [J]. Journal of Management, 2011, 37 (5): 1390 – 1412.

［239］ Sirmon D. G. , Hitt M. A. , Ireland R. D. Managing Firm Resources in Dynamic Environments to Create Value: Looking Inside the Black Box ［J］. The Academy of Management Review, 2007, 32 (1): 273 – 292.

［240］ Soriano D. E. R. , Tierno N. R. , Tur A. M. Governance Models of Coopetition and Innovation: The Case of Spanish Firms ［J］. International Journal of Techology Management, 2016, 71 (1/2): 38.

［241］ Strese S. , Meuer M. W. , Flatten T. C. , et al. Organizational Antecedents of Cross-functional Coopetition: The Impact of Leadership and Organizational Structure on Cross-functional Coopetition ［J］. Industrial Marketing Management, 2016 (53): 42 – 55.

［242］ Subramaniam M, Youndt M A. The Influence of Intellectual Capital on the Types of Innovative Capabilities ［J］. Academy of Management Journal, 2005, 48 (3): 450 – 463.

［243］ Teece D. , Pisano G. The Dynamic Capabilities of Firms: An Introduction ［J］. Industrial & Corporate Change, 1994, 3 (3): 537 – 556.

［244］ Thompson B. Ten Commandments of Structural Equation Modeling. In L. G. Grimm & P. R. Yarnold (eds.), Reading and Understanding more Multivariate Statistics ［J］. Washington, DC: American Psychological Association, 2000: 261 – 283.

［245］ Timmers P. Business Models for Electronic Markets ［J］. Electronic Markets, 1998, 8 (2): 3 – 8.

［246］ Tirole J. The Theory of Industrial Organization Cambridge ［M］. MA: MIT Press, 1988.

［247］ Tushman M L, Anderson P. Technological Discontinuities and Organizational Environments ［J］. Administrative Science Quarterly, 1986, 31 (3): 439 – 465.

［248］ Un C. A. , Cuervo-cazurra A. and Asakawa K. R&D Collaborations and Product Innovation [J]. Journal of Product Innovation Management, 2010 (27): 673 – 689.

[249] Vasudeva G, Anand J. Unpacking Absorptive Capacity: A Study of Knowledge Utilization from Alliance Portfolios [J]. Academy of Management Journal, 2011, 54 (3): 611 – 623.

[250] Walley K. Coopetition: An Introduction to the Subject and an Agenda for Research [J]. International Studies of Management & Organization, 2007 (37): 11 – 31.

[251] Walter S. G., Walter A. and Müller D. Formalization, Communication Quality and Opportunistic Behavior in R&D Alliances between Competitors [J]. Journal of Product Innovation Management, 2015, 32 (6): 954 – 970.

[252] Wernerfelt B. A Resource-based View of the Firm [J]. Strategic Management Journal, 1984, 5 (2): 171 – 180.

[253] Wiklund J, Shepherd D A. The Effectiveness of Alliances and Acquisitions: The Role of Resource Combination Activities [J]. Entrepreneurship Theory & Practice, 2008, 33 (1): 193 – 212.

[254] Wilden R. and Gudergan S. P. The Impact of Dynamic Capabilities on Operational Marketing and Technological Capabilities, Investigating the Role of Environmental Turbulence [J]. Journal of the Academy of Marketing Science, 2014: 1 – 19.

[255] Wilhelm M., Sydow J. Managing Coopetition in Supplier Networks——A Paradox Perspective [J]. Journal of Supply Chain Management, 2018, 54 (3): 22 – 41.

[256] Worley J. S. Industrial Research and the New Competition [J]. Journal of Political Economy, 1961, 69: 183 – 186.

[257] Wu J. Cooperation with Competitors and Product Innovation: Moderating Effects of Technological Capability and Alliances with Universities [J]. Industrial Marketing Management, 2014, 43 (2): 199 – 209.

[258] Yami S. Nemeh A. Organizing Coopetition for Innovation: The Case of Wireless Telecommunication Sector in Europe [J]. Industrial Marketing Management, 2014 (43): 250 – 260.

[259] Yu D. , Hang C. C. A Reflective Review of Disruptive Innovation Theory [J]. International Journal of Management Reviews, 2010, 12 (4): 435 – 452.

[260] Zaheer A. , McEvily B. and Perrone V. Does Trust Matter? Exploring the Effects of Interorganizational and Interpersonal Trust on Performance [J]. Organization Science, 1998, 9 (2): 141 – 159.

[261] Zhang Q. , Zhou K. Z. Governing Interfirm Knowledge Transfer in the Chinese Market: The Interplay of Formal and Informal Mechanisms [J]. Industrial Marketing Management, 2013 (42): 783 – 791.

附录 正式调查问卷

企业竞合战略与创新调查问卷

尊敬的先生/女士：

您好！非常感谢您在百忙之中抽空填写问卷。本问卷旨在了解企业的竞合战略和创新情况，调查结果仅用于学术研究，没有任何商业用途，请您放心并尽可能客观回答。我们承诺：将对您提供的所有信息严格保密。如果您对本书结论感兴趣，我们会在研究结束后将研究结果提供给贵方参考！

非常感谢您的大力支持！

一、企业联盟情况

1. 在过去 3 年的创新活动中，贵企业与以下哪些合作伙伴开展过合作 [多选题]

□主要供应商　　□主要客户　　□主要竞争对手　　□大学或研究机构　　□咨询公司/商业实验室　　□其他组织

2. 贵企业占有合作伙伴的股权比例 [单选题]

□0　　□1%～20%　　□21%～49%　　☑50%　　□51%～79%　　□80% 及以上

二、企业创新绩效

在过去 3 年中，与同行业企业的平均水平相比，贵公司的创新情况。请您根据企业的实际情况，在相应的数字上打"√"，下同（1＝非常不同意，2＝不同意，3＝较不同意，4＝一般，5＝较同意，6＝同意，7＝非常同意）。

项目	完全不同意←→完全同意
贵企业经常开发全新的产品或服务	1　2　3　4　5　6　7
贵企业经常创造新技术和新工艺	1　2　3　4　5　6　7
贵企业通过创新实现重大突破，淘汰了原有的主导产品和服务	1　2　3　4　5　6　7
贵企业经常开发和引进行业内的全新技术	1　2　3　4　5　6　7
贵企业经常产生新的产品式样或服务	1　2　3　4　5　6　7
贵企业经常改进现有的流程、产品或服务	1　2　3　4　5　6　7
贵企业增强了自身产品或服务的生产能力	1　2　3　4　5　6　7
贵企业对生产或服务的工具和设备进行创新性更改	1　2　3　4　5　6　7

三、联盟治理机制和竞合能力

1. 请评估企业资产专用性的情况

项目	完全不同意←→完全同意
如果贵企业更换合作伙伴，代价是巨大的	1　2　3　4　5　6　7
如果贵企业更换合作伙伴，所实施的投资将很难收回	1　2　3　4　5　6　7
如果贵企业更换合作伙伴，将浪费大量为这种伙伴关系量身定制的知识	1　2　3　4　5　6　7

2. 请评估企业运用合同进行联盟治理的情况

项目	完全不同意←→完全同意
贵企业与合作伙伴有专门的、详细的协议	1　2　3　4　5　6　7
贵企业与合作伙伴有定制的协议，详细说明双方的义务	1　2　3　4　5　6　7
贵企业与合作伙伴一起设计详细的合同	1　2　3　4　5　6　7

3. 请评估企业运用关系进行联盟治理的情况

项目	完全不同意←→完全同意
贵企业期望与合作伙伴进行公开交流和分享信息，想法或倡议	1 2 3 4 5 6 7
贵企业与合作伙伴有很强的合作关系	1 2 3 4 5 6 7
贵企业与合作伙伴共享企业的长期和短期的目标和计划	1 2 3 4 5 6 7
贵企业与合作伙伴通过联合磋商和讨论解决合作中的问题和冲突	1 2 3 4 5 6 7
贵企业相信合作伙伴的诚实行为	1 2 3 4 5 6 7
在决策过程中，合作伙伴关心其他合作伙伴的利益	1 2 3 4 5 6 7

4. 请评估企业管理竞合战略的能力

项目	完全不同意←→完全同意
贵企业能够理解什么时候和为什么进行合作和竞争	1 2 3 4 5 6 7
贵企业能够运用替代战略来管理合作和竞争	1 2 3 4 5 6 7
贵企业能够根据关系不断改变合作和竞争的范围和内容	1 2 3 4 5 6 7
贵企业能够在不损害关系的情况下平衡矛盾的需求	1 2 3 4 5 6 7

四、企业资源整合

请评估企业的资源整合情况

项目	完全不同意←→完全同意
贵企业能够积累自身独特的资源	1 2 3 4 5 6 7
贵企业能够有效运用行业全新的资源实现新的战略目标	1 2 3 4 5 6 7
贵企业能够开发新资源以便在新的业务领域中使用	1 2 3 4 5 6 7
贵企业能够从外部获取新资源以发展现有业务领域	1 2 3 4 5 6 7
贵企业能够充分利用现有资源扩展业务领域	1 2 3 4 5 6 7
贵企业能够利用新资源开发新产品或提供新服务	1 2 3 4 5 6 7

五、企业外部环境

1. 请评估企业所在行业的技术情况

项目	完全不同意←→完全同意
行业内产品技术变化很快	1 2 3 4 5 6 7
技术变化提供巨大的商机	1 2 3 4 5 6 7
技术突变使行业内大量新产品创意得以实现	1 2 3 4 5 6 7
行业内技术发展有很大空间	1 2 3 4 5 6 7

2. 请评估企业的外部竞争情况

项目	完全不同意←→完全同意
企业竞争力的核心基础不断变化	1 2 3 4 5 6 7
竞争对企业生存至关重要	1 2 3 4 5 6 7
竞争能够给企业带来很多市场资源	1 2 3 4 5 6 7
价格战是企业常用营销策略	1 2 3 4 5 6 7

六、企业概况

1. 您的职务：

□技术人员　　□管理人员　　□研发人员　　□市场销售人员

2. 贵公司成立时间：

□5 年及以下　□6～10 年　　□10 年及以上

3. 贵公司所有制性质：

□国有　　　　□集体　　　□民营　　　　□股份制

□外资　　　　其他，请注明_____

4. 贵公司近 3 年的平均营业收入：

□100 万元及以下　□100 万～300 万元　□300 万～1 亿元

□1 亿～4 亿元　　□4 亿元及以上

5. 贵公司近 3 年研发经费占营业收入的百分比约为：

☐3% 及以下　　☐3%～5%　　　☐5% 及以上

6. 贵公司主导业务所在行业【请填写 1～3 项】：

☐电子及通信设备制造　　　☐医疗仪器设备及仪器仪表制造

☐医药制造　　　　　　　　☐航空、航天器及设备制造

☐计算机及办公设备制造　　☐信息化学品制造

☐信息服务　　　　　　　　☐电子商务服务

☐检验检测服务　　　　　　☐专业技术服务业的高技术服务

☐研发与设计服务　　　　　☐科技成果转化服务

☐知识产权及相关法律服务　☐环境监测及治理服务

☐其他高技术服务

☐其他＿＿＿＿＿＿＿＿＿

问卷已结束，感谢您的支持！